全球供应链与外包关系风险

——基于海南自贸港建设背景

贾景姿 著

吉林大学出版社

·长春·

图书在版编目（CIP）数据

全球供应链与外包关系风险：基于海南自贸港建设
背景／贾景姿著. -- 长春：吉林大学出版社，2021.11
ISBN 978-7-5692-9201-5

Ⅰ.①全… Ⅱ.①贾… Ⅲ.①供应链管理–研究–世
界 Ⅳ.①F259.1

中国版本图书馆 CIP 数据核字（2021）第 215969 号

书　　名　全球供应链与外包关系风险——基于海南自贸港建设背景
　　　　　　QUANQIU GONGYINGLIAN YU WAIBAO GUANXI FENGXIAN
　　　　　　——JIYU HAINAN ZIMAOGANG JIANSHE BEIJING

作　　者　贾景姿　著
策划编辑　邹燕妮
责任编辑　杨　宁
责任校对　柳　燕
装帧设计　杜　婕
出版发行　吉林大学出版社
社　　址　长春市人民大街 4059 号
邮政编码　130021
发行电话　0431-89580028/29/21
网　　址　http：//www.jlup.com.cn
电子邮箱　jdcbs@jlu.edu.cn
印　　刷　北京厚诚则铭印刷科技有限公司
开　　本　787mm×1092mm　1/16
印　　张　11.25
字　　数　210 千字
版　　次　2022 年 5 月　第 1 版
印　　次　2022 年 5 月　第 1 次
书　　号　ISBN 978-7-5692-9201-5
定　　价　48.00 元

《自序》

　　《海南自由贸易港建设总体方案》得到批复后，海南各个单位组织了形式多样的学习活动，以便员工以主人翁的姿态投身于自贸港建设；学者们开展了各种主题研究，以便在自贸港建设中拥有发言权；父母们忙着送孩子学英语，以便孩子更好地融入未来的国际化场景。大家在诸如"负面清单""非禁即入"等贸易名词的环绕下，欣喜地看到：新冠肺炎疫情最严重的 2020 年 1 月，海南外国投资额同比增长 366.4%；2020 年 10 月，黄金周海南免税商品销售额同比增长 248.7%，等等。这一切让人欢欣鼓舞，就如同舞台上帷幕升起，一场场大戏即将开演，热闹非凡，而我们每一个人都身处其中，可能共同演绎一场波动中国、震撼世界的千古名剧，没有人会不兴奋，没有人会不憧憬未来。

　　但在憧憬未来的当口，笔者却隐隐有一层忧虑。在全球供应链这张大网中，海南省的越来越多的企业争先恐后地成为其中的结点，每个结点都伸出四面八方的触角，与网中的其他结点建立千丝万缕的联系。然而，牵一发而动全身，与之有关联的世界上的任何一个地方发生政治集会、产生瘟疫等都会影响到这些结点，使其光芒减弱，甚至消失无踪。国内刚刚过去、世界上诸多其他国家还在奋力抗击的新冠肺炎疫情不就为我们例证了这一点吗？我们曾经的一"罩"难求，就是因为德国的熔喷布生产设备无法满足增长的订单需求；而我们的出口企业也在国外一波又一波的新冠肺炎疫情的冲击下无法顺利复工复产。

　　类似的风险正在发生，并对全球供应链的运作产生极其恶劣的负面影响，让人无法忽视。但是这种环境风险毕竟是通过供应链的"牛鞭效应"

影响供应与需求风险，进而影响到供应链绩效，其加长的作用弧也给了我们更多的应对空间。除此之外，还有一种供应链风险，随着全球供应链的延伸和拓展，由于地理距离的增加以及制度和文化差异而愈加显著，并直接影响着供应链绩效，这就是关系风险。关系风险是全球供应链风险中的一种特定风险，表现为合作一方未来行为的不确定性，以及其采取机会主义行为或不作为行为导致另一方利益或供应链整体利益受到伤害的负面影响。关系风险的发生尽管根源在于目标不一致与信息不对称，但基于供应链中提供的产品与服务类型不同，也会有不同的表现形式、不同的影响作用，同时也有不同的风险防控组合模式。

本书正是基于代理理论，构建了正式控制和非正式控制通过降低关系风险进而有效提高交易绩效的理论框架，在任务复杂度的调节作用下，不同的控制模式降低关系风险的效应也在发生变化。同时通过代理理论的引入、中介调节模型的建立、问卷调查和实证分析，本书以严谨的理论分析和数据检验，论证了针对不同类型的产品或服务，如何利用正式控制与非正式控制的互补关系优化选择不同的关系风险控制组合模式。

谨希望通过本书的出版，一方面能够警醒海南省以及全国的企业管理者在融入全球供应链的过程中关注关系风险，进而关注供应、需求、环境等一系列全球供应链风险，采取适当措施防范风险的发生，并形成有效的风险预案，以使自己在风险来临时能够应对自如；另一方面能够以供应链风险中特定关系风险的控制优化研究为引，导入风险管理研究者对于其他不同类型全球供应链风险的研究，同时也为下一步建立与运作全球供应链风险防控体系奠定基础，进而能为海南自贸港建设贡献一分力量。所谓"抛砖引玉"，是也。

贾景姿

2020 年 11 月 15 日

于海南

目 录

第 1 章　绪论

　　当前，在经济全球化的宏观背景下，企业国际化使全球生产经营成为现实，全球供应链加速形成，各国经济联系的加强和相互依赖程度日益提高，全球供应链的分布日益密集。而在传统的产品供应链之外，企业为了在残酷的竞争中保留一席之地，实现全球生产经营中的高效率低成本，就不得不衡量自身的能力，将不具有效率的非核心的企业活动外包出去，获取更专业、更优质的服务，从而专注于自己的核心业务。因此，基于对专业资源的需求和竞争的需要，生产性服务往往以外部采购的方式获取，即服务外包。以服务业为主导的服务经济快速崛起，带来了服务供应链的发展。传统的产品供应链与新兴的服务供应链交相叠加，使全球供应链网络进一步壮大。在此情况下，一荣俱荣，一损俱损，也成为经济领域的普遍现象。

　　正如当前，在新冠肺炎疫情的冲击下，全球供应链风险集中体现。为尽快隔断传染渠道，我国采取了严厉的封城、禁止人群聚集等防控措施。在此情况下，大量的企业或是由于人力资源供应缺乏，或是由于防疫设备用材供应缺乏，或是由于需求不足，或是由于原材料储备不足，不得不停工停产，由此导致了严重的供应链中断，影响到下游企业生产和市场物资供应。新冠肺炎疫情在全球多个国家蔓延，对全球供应链的影响进一步加剧。一方面，由于多国宣布封国及进入军事状态，刚刚从我国疫情中挣扎出来复工复产的出口企业面临着严重的需求波动风险，举步维艰。另一方面，由于世界多国的经济活动停顿，许多以进口商品供应为主的加工企业和商业则面临着严重的供应中断风险。

　　尽管有一部分国家主动进行了供应链割裂，以避免下一步面临的高风险，但全球供应链的运作与发展是时势所在，无法避免，当前，正由中国发往各地的防疫物资就是其中一个最为明显的例证。而在此风险聚焦下，我国海南省正大踏步地走在自由贸易试验区和自由贸易港的建设之路上，越来越多的海南经济实体融入全球供应链体系之中，成为全球供应链中的重要一员。习近平主席早在 2018 年 4 月出席庆祝海南建省办经济特区 30 周年大会时表示，我国将积极促使海南参与全球化，并吸引外国投资者①。而据俄罗斯塔斯社报道，2020年1月份海南经济中的外国投资额同比增长366.4%②。2020年1—5月，海南的离岸贸易总额为9 145万美元，超过2019年全年规模③。2020年1—6月，海南新设立外商投资企业203家，比2019年同期增长24.54%，这些企业来自全球30个国家和地区，其中包含多家位列全球500强的跨国公司④。

全球供应链风险，除了上述单一企业层面也需要面对的环境风险和企业间层面需要面对的供应和需求风险之外，还包括独特的供应链关系型风险（Wagner和Bode，2006）。在该供应链情景下，风险程度加大，特定风险类型出现，使不同类型的全球供应链风险呈现出不同的特征。因此在全球供应链风险管理过程中，识别不同的风险类型，有的放矢地开展风险管理活动很重要，et al. 尤其是那些在全球情景下更加显著的供应链关系型特定风险。

除此之外，区分供应链所传递的产品或服务类型也非常重要。在产品供应链中存在低端产品和高端产品之分，所谓的高端产品就是应用专业知识、通过复杂的流程生产出的产品，附加大量高价值的服务；反之，低端产品指的是那些没有多少知识技术含量的产品，没有太多服务附加值。同样，在服务供应链中，也存在基础服务和高端服务之分。生产性服务业中的物流业、人力资源服务业、后勤服务业等关键产业的迅猛发展，使现代服务业与传统服务业相比，已不仅仅具有劳动密集型产业的特点，还是知识技术密集性服务产业的代表，其高附加值、高增长、高盈利能力来源于专业知识和技术。在此基础上，越来越多的服务性企业不再只局限于基础服务，而是转变为提供由常规服务延伸出的增值服务、一体化服务设计，如物流业甚至融入客户的供应链系统进行供应链设计与管理服务，如人力资源服务业则提供整体人力资源规划服务。这种高端服务包含更大量的人力资本和知识资本的服务，具有高度的复杂性。但在服务业的发展与变化之中，高端服务与基础服务并不是此消彼长的关系，而是在市场中共同存在的。在低端产品与高端产品混杂的同时，生产性服务也呈现多态性，其中既有标准化和日常性的服务，也有定制化和创新型的服务，既有结果明晰的常规性服务，也有结果模糊的知识性服务。因此，在供应链中传递的

① 习近平在庆祝海南建省办经济特区30周年大会上发表重要讲话-习近平报道专集-高层-新华网 http://www.xinhuanet.com/politics/leaders/2018-04/13/c_ 1122680106.htm

② 疫情不改自贸港建设铿锵步伐-2020年3月2日讯 http://hnrb.hinews.cn/html/2020-03/03/content_ 3_ 1.htm

③ 前5月我省离岸贸易总额超9145万美元-2020年6月11日讯 http://hnrb.hinews.cn/html/2020-06/12/content_ 4_ 5.htm

④ 上半年海南市场主体快速扩容提质-2020年8月2日讯 http://hnrb.hinews.cn/html/2020-08/03/content_ 58464_ 12174206.htm

产品或服务日趋多元化的时代，如何根据不同的产品或服务类型优化战略选择是全球供应链风险管理成功的关键所在。

1.1 研究背景与问题

1.1.1 实践背景

1. 全球供应链市场现状

据人民网财经频道报道：2019 年，我国货物贸易进出口总值 31.54 万亿元人民币，比 2018 年增长 3.4%。其中，出口 17.23 万亿元，增长 5%；进口 14.31 万亿元，增长 1.6%。其中民营企业首次超过外商投资企业，成为我国第一大外贸主体，说明我国民营企业进一步融入全球供应链中。2019 年，我国一般贸易进出口 18.61 万亿元，增长 5.6%，占我国外贸总值的 59%，比重进一步提升，说明全球供应链结构进一步优化①。此外，随着服务经济的崛起，产业服务化进程的不断推进，我国生产性服务业的比重必然会向世界主要工业国的比重水平逐步靠齐，作为生产性服务业中的主要传统产业，物流业的快速扩张也例证了这一典型现象。近几年，工业、批发和零售业企业对外支付的物流成本与委托代理货运量持续增长，2019 年分别占总物流成本和总货运量的近 65.4% 和 80.6%，说明物流服务以外包方式获取已大大超过自己提供的方式②。而在海南自贸港建设中，外国投资额快速增长，越来越多的跨国公司在海南投资建立企业，同时又有优惠的进出口政策，可以预见离岸贸易额应该会继续大幅增长，海南经济已经阔步迈进全球化，成为全球供应链中的重要一分子。因此，为了更好地促进经济发展，促进海南自贸港的建设，如何在对风险有效识别的基础上，有效防范化解风险，提高全球供应链绩效，就成为当前一个重中之重的研究问题。

2. 产品与服务类型的差异

随着产业的结构性优化调整，产品与服务创新层出不穷。例如，在物流行业，一体化物流服务、供应链一体化服务、供应商管理库存服务等新的物流服

---

① 2019 年我国货物贸易进出口总值同比增长 3.4%—财经—人民网 http://finance.people.com.cn/n1/2020/0114/c1004-31547735.html

② 数据源自：《2019 年全国重点企业物流统计调查报告》

务模式与传统物流服务同时并存；在人力资源服务行业，培训服务、招聘服务、人力资源系统设计等传统服务与创新服务有效融合。总的来说，在当今社会，基本每个稍具规模的工商企业都会或多或少地采取外包的方式获取自身所不具备的专业优势资源。以物流服务外包为例，少至租赁仓库，采购运输服务或物流信息系统，多至外包整体物流解决方案，甚至吸纳物流企业进入自己的供应链系统中提供供应链一体化服务，从而在产品供应链之上进一步链接服务供应链。

可以说供应链与外包无处不在，产品与服务形态千差万别。显然，产品与服务形态不同，传递产品与服务的工作复杂程度也不同，不同的外包有不同的供需方关系，也有不同的组织结构形式。例如美国沃尔玛公司将其自有产品的供应链设计与运作外包给香港利丰公司，采取的合作方式是：双方各自抽取相应部门的人员组建新公司，由该新公司自行运作该项物流事宜，双方仅对新公司要达到的长期目标进行约定。双方之所以采取这种合作方式的前提是该项合作是短期内无法获得成效的，而其中业务又是非标准化的，需要在合作过程中根据需求和资源进行适时调整，同时也基于双方之间的认识与了解，以及双方分别作为国际零售行业与供应链管理行业的翘楚，相互借势的共同目的。那么基于这样的目的，采取这样的合作方式来传递高度复杂化的知识性服务，供需之间发生风险的可能性是否大幅降低，供应链绩效是否能够达到预期目标？如果是传统的基础性产品或服务，又该采取何种合作方式才能防范化解风险，保证供需关系健康发展？因此有必要基于产品与服务形态的差异采取适合的供应链风险管理战略，才能获取预期的供应链管理绩效。

3. 全球供应链的失败与成功

全球供应链中失败的案例有很多。在疫情防控的初始阶段，据新浪医药2020年2月11日报道，美国的医疗设备制造商 Valeritas 公司正式申请了破产保护，并被新西兰一家公司收购全部业务，而 Valeritas 公司的破产，是由于供应链中断，不得不一次性报废了高达800万美元的库存，导致生产无以为继，市值进一步下跌①。而据俄塔斯社2020年9月11日报道，俄罗斯会计协会通过评估认为由于低消费需求水平，拖欠付款时有发生，中小企业破产风险持续存在②。

除此之外，波音企业也由于中方企业的尾翼，舱门、发动机叶片等部件供

---

① 胰岛素泵制造商 Valeritas 申请破产！-新浪医药 https：//weibo.com/ttarticle/p/show？id = 2309404470788815192376

② Accounts Chamber warns of risks of SMEs' bankruptcies due to low consumer demand 会计商会警告中小企业因消费需求不足而面临破产风险-俄罗斯塔斯社 https：//tass.com/economy/1199859

应不足而影响生产的持续进行；日韩等多家汽车企业由于中方零部件供应不足面临着严重的供应链中断问题。

以上均属于我国企业处于供应链上游供应不足而导致供应链中断的行业，此外也有一些我国企业处于供应链下游但属于防疫物资的行业受到了供应中断的影响。疫情的防控和企业的复工都需要防疫物资供应充足，而在防疫物资中，最为首要的就是医用口罩的供应。为了增加医用口罩的供应，甚至很多汽车企业也利用其车内装饰面料的库存而转产医用口罩，例如比亚迪等。但在口罩的生产过程中，不仅需要普通面料，还需要一种特殊的原材料——熔喷布。这种熔喷布国内可以生产，但是其生产设备却是由德国进口。因此尽管口罩生产能力得到大幅提高，但原材料生产却受生产设备限制无法相应提高，导致熔喷布供应价由原来的每吨两万元涨到了每吨三四十万元，最终仍然由于供应链中断导致众多转产口罩的企业不得不停产①。那么全球供应链中都存在哪些风险，这些风险是如何定义的？如何开展有效的供应链风险管理？

除了以上所有因供应链中断而导致的企业经营失败外，还有一种供应链与外包关系的失败（Logan，2000）。例如京东自营物流就是京东商城与各大物流供应商合作关系失败的产物。京东商城从成立之时，就与淘宝一样采取了物流服务外包，把其商城销售的物品运输与仓储外包给成熟的物流公司运作。但是，时过不久，在其业务蒸蒸日上时，京东商城中断了与这些物流公司的合作，成立了京东物流，开始自营仓储与配送。很快，京东商城就成功摆脱了对外包物流服务的依赖，转变为完全依赖自营物流，就此，所有物流外包合作关系破裂。这一具体事例说明关系型特定风险是存在的，并且确实是造成供应链关系失败的原因之一。而随着全球供应链成员企业地理距离的扩大和文化差异的存在，这种关系型特定风险进一步凸显。那么这种关系型特定风险是如何影响供应链与外包的成功，又该采取哪些风险控制模式，并进行有效组合才能有效规避风险呢？

当然，全球供应链之所以普遍存在，说明其成功的案例也很多。例如日本一家光学产品集成商在与其物流供应商合作的过程中采用了一套严格的服务跟踪程序以确保服务顺利完成。通过该套服务跟踪系统，该集成商在获取自身外包成果的同时，也提高了供应商的服务水平。显然，该项服务跟踪系统的开发和应用都要基于物流需方对供方提供服务行为的预先了解或设定，才能得以有效利用，同时还需要供方愿意与需方分享其专有信息。而在这些成功的企业

---

① 记者调查：熔喷布"一布难求"口罩供应紧张局面何时能缓解？-中国新闻-新闻频道-央视网
http://news.cctv.com/2020/03/10/ARTIHAfWgqHr5YuyYUXssUo0200310.shtml

中，供应链中传递的产品或服务类型各异，供应链的管理方式、组织形式及合作形态也不尽相同，这其中是否有必然的联系，还是偶然现象？针对供应链与外包关系应该加强服务过程监督，还是采取信任机制来实现既定目标呢？有什么样的依据来做选择和组合，而不同的选择与组合又是如何影响供应链运作目标的实现？

1.1.2　理论背景

1. 代理理论与供应链管理

当前对供应链管理形态的研究中，主要基于资源基础观和交易成本学两个主流视角。不可否认，供应链的形成不仅是寻求资源的过程，也是一种交易过程，所以这两种理论基础非常适合于分析供应链管理活动。但是资源基础观和交易成本学主要基于获取资源和交易业务的视角，而代理理论则基于委托方与代理方的关系视角，不同的视角就有不同的关注焦点。因此，当企业决定采取外包而不是层级控制的方式获取所需资源时，要更深入地理解这种独立的合同关系，非代理理论莫属（Lassar et al.，1996）。代理理论尽管是一个颇具争议的理论基础，但经由 Eisenhardt 于 1989 年的开山力作，证明是适合研究组织管理问题的。Stock（1997）则采用理论对比方式把代理理论应用在物流服务外包分析上，使我们对代理理论应用于供应链管理加深了理解。Ketchen 和 Hult（2007）进一步指出代理理论非常适合应用于供应链管理研究。尽管如此，应用代理理论对供应链中供需关系的研究仍然很少（Fayezi 等，2012）。因此有必要利用代理理论不同于资源基础观和交易成本学的关系视角，更加深入地分析供应链与外包关系。

2. 代理理论与供应链风险

代理理论的起源就在于处理经济风险分析方面的工作，这些风险来源于个人与组织或组织与组织之间因目标不一致而导致的一系列问题（Arrow，1985）。而最近，在供应链管理领域出现的应用代理理论的研究也引领着我们对于管理风险、应用激励和构建关系方面产生新的理解（Halldo'rsson et al.，2006；Ritchie et al.，2008；Norrman，2008）。但是在供应链风险管理研究领域内，却鲜有学者应用代理理论开展研究（Fayezi 等，2012）。当前对供应链风险的研究基本上都是组织内部、网络之间或外部环境中有可能会对企业及供应链绩效造成不利影响的不确定性问题，主要集中在供应风险，甚至有大部分研究直接把供应风险当作供应链风险（Wagner et al.，2006）。而基于代理理论视角，供需双方的关系是一种典型的委托代理关系，需方就是委托方，供方就是代理方。代理过程中不仅仅存在以上供应及需求风险，但还存在一种与合作不确定性有关的关系型特定风险，这种风险主要来源于组织之间目标不一致而产生的逆向选择和道德危机。

因此，利用代理理论的风险视角，研究关系型特定风险管控模式的选择，对于构建供应链合作关系、提高合作绩效具有重要意义。

3. 任务复杂度与供应链管理

根据交易成本理论，在知识资产价值大于物质资产价值的知识密集性任务中，任务复杂度是交易成本的主要来源，因此对于复杂任务，自制比外包更有优势（Simon，1962；Walker et al.，1984；Williamson，1975）。这也就是为什么较少有针对外包情景研究任务复杂度的文献。但是，任务复杂度是意味着外包成本的增加，然而要获得高复杂度的服务采取自制成本会更高。就这一点，Weigelt、Miller（2013）指出以往有关交易成本经济学的研究往往把生产成本固定，只把焦点放在交易上面。而事实上，复杂的工作任务比简单的工作任务需要应用更多的知识，通过内部采购往往无法获得满意的结果，而且会分散对自身核心能力的打造，造成生产成本的急剧上升。Braun 等（2010）就论证了所采购的人力资源服务越复杂，外包比采用内部供应所获得的服务质量更高。说明针对复杂性任务，采取外包能带来满意的绩效。此外，从服务外包实践来看，不乏存在高端服务外包，例如沃尔玛自有品牌产品的供应链设计与管理外包，其中就涉及大量的专业知识。综上所述，在当前产品与服务创新不断推进的过程中，知识资本的大量渗入、定制化的服务生产过程使服务工作更复杂，研究供应链管理中任务复杂度的作用对于解决生产成本问题，推进生产专业化，提高生产要素的效率有至关重要的作用。

4. 正式控制与非正式控制

与代理理论中所提出的基于行为和结果的合同治理类似，Ouchi（1979）是基于组织所承担任务属性的不同进行分类的，即已知的方法与结果的联系（known means/ends relationships）和透明化的目标（crystallized goals）创建了控制理论，并提出行为控制、结果控制及社会控制的分类方法。其中行为控制和结果控制属于正式控制，正式控制是指基于正式的规则、流程和政策以监控和奖励以获得绩效，社会控制则属于非正式控制，是基于组织规范、价值、文化以及目标的内在化来鼓励所希望的行为和结果，正式与非正式控制都可以通过治理结构、合同规定、管理制度以及其他非正式机制来实现（Das et al.，2001B）。一般而论，买卖关系的治理机制包括关系规范、专用投资、契约控制、资质验证（严兴全等，2011）。除资质验证之外，非正式的控制机制还包括采用激发对方投入有形、无形或关系专用资产，以专用资产的锁定（LOCK—IN）效应进行控制的方式（Williamson，1985）。在以上这些正式和非正式控制中，Ouchi（1979）的分类似乎假设三种控制模式是相互独立、互为逆变的，但显然，在任何外包活动中，只要涉及资源的交付，供需双方无论是否需要发展深层关系，都需要一份正式的合同约定，对双方所需交付的服务及行为进行不同程度的规定，因此正式与非正式的控制方式是可以组合应用的。此外，Poppo 和 Zenger（2002）讨论了定制化合同与关系治理之间是补充还是替代的作用，引证了不同文献对于其作用的争论，那么在全球供应链与外包中以合同规定和非正式治理机制实现的正式控制与非正式控制之间是替代还是补充的作用呢？在不同控制模式的效应方面，Jensen 和 Meckling（1975）和 Eisenhardt（1989）均指出结果控制比行为控制更能保证代理方按委托方的利益行动，但 Sharma（1997）和 Das、Teng（2001A）却认为行为控制更能消除关系风险，降低代理方的机会主义行为，那么究竟哪种控制的作用更有效，还是不同控制进行不同组合后的差异化效应？这是业界内需要深入探讨的问题。

1.1.3 研究问题

基于以上背景，无论从实践角度还是理论角度，供应链以至全球供应链与外包的形成就是需方把提供产品或服务工作任务指派给供方的过程，这正迎合了代理理论所适合的情境（Eisenhardt，1989）。在供应链中的任何一对供需关系中，需方将提供产品或服务的工作指派给供方，供方代表需方的利益开展活动，因此需方的位置如同委托方，而供方的位置如同代理方，供需关系实际上是一种代理关系。在这种代理关系中，基于供方比需方更了解自己所提供的服务以及双方因自利主义而导致的目标不一致，需方面临供方未来采取不合作或不努力行为的代理关系风险。而在管理代理关系的过程中，需方需要支出代理成本。为了合理地规避和管理这种关系风险，同时控制代理成本，根据任务属性的不同，不同的正式控制和非正式控制组合发挥的作用不同，这种不同体现在为实现控制而采取的外包形式和治理结构不同。然而，采取不同的控制模式、供应链运行形式和治理结构，其最终目的都是在控制代理成本的同时，最大限度地消除供应链风险，从而获得供应链绩效。

具体来讲，本书基于全球供应链、全球供应链管理、供应链风险和供应链风险管理理论的文献回顾，应用代理理论为理论基础，探讨了以下问题。

1. 分析识别全球供应链及其风险管理的相关要点和矛盾因素。

2. 分析识别代理关系风险的显著特征和驱动因素，以便于有针对性地开展管理。

3. 分析识别任务复杂度的决定因素，并识别在海南自贸区（港）政策下外包尤其是服务外包中的任务类型，建立任务复杂度与任务类型之间的联系。

4. 基于代理理论视角分析识别正式控制与非正式控制，并进行分类，针对不同的供应链风险类型分析构建风险控制组合对消除风险获取供应链绩效的路径模型，并对比分析不同的正式控制与非正式控制对降低风险有何不同影响，明确不同风险控制模式的组合和比较效应。

5. 根据关系风险的驱动因素和任务复杂度的决定因素，分析构建两者的二阶形成性测量模型。

6. 分析任务复杂度的调节作用，即随着任务复杂度的变化，不同控制模式降低供应链风险的效应是否也在发生变化。

7. 分析正式控制与非正式控制之间以及正式控制与非正式控制内部不同控制模式之间是以补充还是替代关系作用于供应链关系风险。

1.2 全书框架

根据研究问题的提出，本书共设十一章，章节安排如下。

第一章为绪论。主要有研究背景、研究问题以及全书框架。

第二章为全球供应链与外包。从国家、企业、关系三个层面综述和总结全球供应链与外包的形成动因和管理绩效。

第三章为全球供应链风险。从供应链风险的驱动因素、管理战略综述和总结了供应链风险管理理论，并基于全球供应链的特性对其中的关键风险进行分类，提出两大供应链风险管理战略。在此基础上，讨论了在全球供应链管理与其风险管理中存在的矛盾问题。

第四章为供应链风险管理的理论基础。综述分析了代理问题和代理成本，并着重介绍代理理论在供应链管理及供应链风险管理中的应用。

第五章为代理关系风险与任务复杂度。运用代理理论对供应链与外包中的特定关系风险进行定义，并分析其特征及来源；同时，基于代理理论中提出的程序性和测量性，综述总结了传递不同产品与服务类型的任务属性以及由任务属性不同所决定的任务复杂度的不同。

第六章为正式控制与非正式控制。基于代理理论在供应链或及其风险管理中的应用、控制理论、交易成本学以及关系治理相关的研究成果分析了正式控制与非正式控制的定义、分类、关系。

第七章为理论模型及研究假设。以不同的正式控制和非正式控制模式通过消除关系风险的影响，进而获取交易绩效为路径导向，构建理论分析框架，在该框架内，讨论并阐述了任务复杂度对以上关系的调节作用，以及正式控制与非正式控制之间的关系。最后结合相关研究成果，提出本文的研究假设。

第八章为量表开发与数据收集。主要介绍了成熟量表的翻译和引用，非成熟量表的增删与修改，并且根据全球供应链与外包的情境进行了适度调整。在数据收集的渠道与来源上，选择了不同的行业，包括化工品和快速消费品物流外包。并对收集的数据应用基于变量的主成分结构模型进行测试和验证，以明确量表的信度与效度。

第九章为实证分析与验证结果。运用大样本数据进行了变量的描述性统计，之后通过运用结构方程模型对理论框架和研究假设进行验证，得到相关系数矩阵以及本研究的最终结果。

第十章为案例研究。从实践角度对经过验证的研究假设逐一进行讨论，运用案例验证本研究理论的适用度，同时检查发现部分假设未得到支持的原因。

第十一章为结论与建议。包括本研究的主要结论，以及经案例分析检验的理论适用性和未支持假设的可能原因，进而提出理论与实践意义。

具体章节结构如图 1-1 所示。

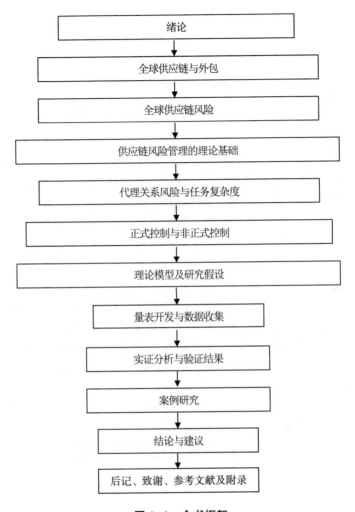

图 1-1 全书框架

第 2 章　全球供应链与外包

随着经济全球化的时代趋势，信息技术的不断发展，当前的竞争，不仅仅日趋白热化，而且已进入一种"超竞争"状态，竞争环境剧烈动荡，环境变化速度飞快，企业竞争优势的创造与毁灭正在以极快的速度进行着，企业总是处于不断的变化和非均衡的状态之中。在这种状态下，企业靠自己的资源与能力已无法持续获取并维持竞争优势，必须依赖合作并对合作关系进行充分管理才是生存与发展之根本。同时，仅仅在有限区域内寻求合作关系的建立已经不足以满足竞争需求，企业正在放眼全世界寻求、建立并维护其全球合作关系，以获取更具有竞争优势的资源。因此"超竞争"已不再是企业与企业之间在产品质量、性能、价格、品牌方面的竞争，而是企业之间通过合作形成的供应链与供应链之间的竞争，是以供需关系为基础，以错综复杂的全球网络结构实现的合作中的竞争。

2.1　全球供应链的背景及定义

2.1.1　供应链与供应链管理

对于个人与企业来说，供应链无处不在。供应链（Supply Chain）就是生产及流通过程中，围绕核心企业，从采购原材料开始，制成中间产品以及最终产品，最后将产品经由销售网络提供给最终用户，从而将供应商、制造商、分销商、零售商、最终用户等一系列上游、下游企业及消费者交叉联结形成的整体功能网链结构，如图 2-1 所示。

随着竞争的需要，服务不断融入产品的供应之中，在供应链内流动的不仅有实物产品，还有服务产品。当产品为主导时，这就是一条典型的产品供应链。当服务成为主导时，则被称之为服务供应链（Ellram 等，2004）。但是这种主导地位的区别随着经济多元化正在逐渐模糊，产品与服务的融合也呈现多态性。在产品供应链中，供需双方通过物流运作开展互动；而在服务供应链中，由于服务需方有可能与服务的最终用户分离，因此存在着远比产品供应链更复杂的服务用户、需方、供方三者之间的互动，如图为以装配商作为服务需方的维修、物流等服务供应链（宋华，2012；Song et al.，2016）。

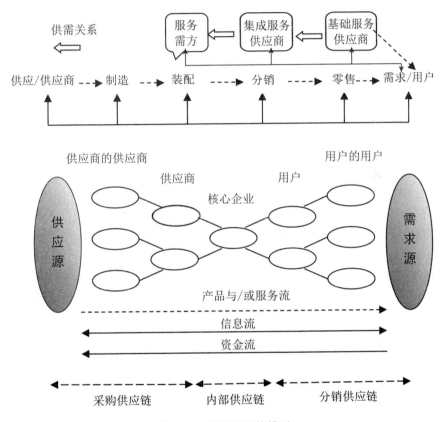

图 2-1　供应链结构模型

根据供应链中流动物的不同、所涉及企业类型的不同，供应链可以区分为采购供应链、内部供应链和分销供应链。其中采购供应链主要由最初的供应商到核心企业为止的上游供需关系组成，内部供应链则主要指企业内部生产过程中原材料的调用及配备所流经的环节，而分销供应链则包括核心企业将其产品及服务经由分销、零售到达最终用户所流经的企业与个人。如图 2-1 所示，从需求源开始，分销供应链是整条供应链的前端部分，相应内部供应链和采购供应链则属于供应链的后端部分。

综合供应链的定义和组成，供应链具有以下特征。

1. 供应链是产品或服务在流动过程中从最初的供应商到最终的用户之间形成的一种网状关系模型，是一种更加紧密的战略联盟形式。

2. 供应链是一种基于合作与竞争的生态链。供应链网络就像自然界的生态系统一样，具有整体性、结构性、协调性，其中位于网络不同节点的企业，就像生态系统中的各种生物一样，有合作，有竞争，物竞天择，互利共生。

3. 供应链跨越了企业边界，覆盖了供应链中从最初供应商到最终用户的所有企业，拓宽了管理范畴，使其成为一个扩展的、整合的企业。为了满足最终用户的同一产品或服务需求，需要供应链中的企业保持合作；同时为了实现对有限资源的获取，就需要以供应链为单位进行竞争。

4. 供应链不仅是条连接供应商到用户的物料或服务链、信息链、资金链，同时更为重要的是，它也是一条增值链。因为产品或服务在供应链上进行了生产、交付而增加了其价值，从而驱动供应链得以持续运转。

显然，供应链管理（Supply Chain Management，SCM）就是对供应链的管理与运作，是一种集成的管理思想和方法，执行供应链中从最初供应商到最终用户的计划、组织、协调与控制等职能，确保供应链管道中顺畅的、整合的物流、服务流、信息流和资金流，其中所有企业共享信息，在协调实体配送的同时实现信息管理、流程管理、能力管理、服务绩效和资金管理。供应链管理，正在以系统一体化的方式集中于创造独特的个性化的客户价值。其中及时、准确的双向信息流能够降低供应链成本，改善消费者服务，提高供应链管理绩效。如果信息流动出现断点，或者信息在流动过程中出现畸变、失真，则供应链成员将面临需求水平和需求模式的极大的不确定性，通常会导致较高的物流或缺货成本，以及经营管理风险的扩大，出现供应链管理的"牛鞭效应"。

2.1.2　全球供应链与全球供应链管理

一、全球供应链

自 2005 年以来，经济全球化在供应链领域的影响日趋明显。经济全球化的影响，从主要的发达国家，到南美、非洲、中东、亚洲等新兴经济主体，遍布全球。全球供应链是指在全球范围内构建供应链，它要求以全球化的视野，将供应链系统扩展至世界范围，根据企业的需要在世界各地选取最有竞争力的合作伙伴，进行资源优化配置，实现一系列分散在全球各地的相互关联的商业活动，以降低成本扩大收益。由于供应链的参与方分布在两个或多个国家，其业务范围跨越国际，因此全球供应链也称为国际供应链。

全球供应链的产生，是国际化分工进一步深化的结果。国际分工是国际化产生的条件，而国际分工的深化与发展，尤其是产品内分工的出现和发展是供应链产生和全球化发展的基础。产品内分工是指特定产品在生产过程中，根据产品的工序的不同或者零部件对资本、劳动、技术等生产要素比例的投入要求的差异，将不同的工序或零部件生产在空间上分散到不同的区域或国家进行，各个区域和国家中的企业进行专业化生产或供应。产品内分工包含企业内和企业间分工两种形式。企业内分工可以通过对外直接投资或并购国外某些企业产生跨国公司实现，企业间分工通过独立厂商之间的合作进行。

在全球供应链体系中，供应链的成员遍及全球，生产资料的获得，产品生产的组织、货物的流动和销售、信息的获取都是在全球范围内进行和实现的。企业的形态和边界将发生根本变化，甚至是国与国之间的边界概念也产生了巨大的变化。随着全球经济一体化的发展，全球供应链之间的竞争将成为未来竞争主流。全球供应链具有以下特征：第一，全球化供应链的实现必须以现代网络信息技术的发展为基础，是各种网络信息数据和各种专业管理系统的合理结合。第二，全球供应链运作的目的在于达到物流、信息流和资金流的协调通畅，以满足全球消费者的需求，并在消费者认可的前提下，提升企业的全球竞争力。第三，全球供应链的核心是链上各个节点企业之间的战略合作。其范畴较宽，是一种综合性的、跨国跨企业集成化的新型合作模式。

二、离岸外包

在全球供应链范畴内研究较多的有一个独特的领域，即离岸外包。其中外包即把某些业务转给公司的外部供应者，而不关心供应者来自国内还是国外；而离岸则是把某些业务转给国外供应者，而不关心供应者来自企业外部还是内部。这两者密不可分，在于经济全球化一直被专家们认为是外包最重要的驱动力量之一。

要了解离岸外包，需要首先了解外包。为了应对全球化竞争的需要，企业需要不断获取自身所需要的资源和能力，无论是核心还是非核心活动的获取，外包应运而生。外包的概念指企业整合利用其专业化资源，降低成本，发挥核心竞争力的一种商业模式，根据外包中企业获取资源与能力的不同，外包区分为制造外包与服务外包。其中制造外包是企业将属于自己的某些有形产品的生产制造活动交给外部供应者的战略选择。而服务外包的定义则是企业为实现其组织目标，把组织的全部或部分的服务职能交由外部服务提供商完成（Cheon等，1995）。借用毕博管理咨询公司（BearingPoint）的定义，服务外包是指企业考虑到资源不可重复获取，为了集中重要资源提高自身的核心能力，把一些不属于企业核心的内部活动交给企业外部的专业服务供应商，这些活动可能是外部供应商的核心能力，从而能够借用外部供应商的能力优势，创造比在企业内部完成活动更高的价值，既有效控制了成本，也能充分提高企业绩效和竞争地位。服务外包与制造外包最大的差异体现在服务外包中的服务外包方、服务接包方与客户三者之间不断密切地互动。服务外包方并不是接包方与客户之间唯一的联结，接包方不仅与外包方互动，还与客户直接互动，三者的互动正好形成一个三角形。

外包与供应链存在着紧密联系与一定区别。如上所述，外包是在经济全球化背景下发展起来的，是一种新的商业模式，而供应链则是包括产品供应链与服务供应链的商业网络。二者在概念上存在较大差异，分属不同的管理范畴，但是就外包与供应链所出现的经济背景来看，两者都兴起于经济全球化和信息化的背景；同时就外包与供应链的管理目标来看，均是通过整合资源与能力，实现其成员企业的共同发展；其运作的方式都是剥离企业非核心的业务到供应链内的合作企业或提供产品与服务的合作接包方，使企业更关注自身核心业务的发展，而供方则集中关注其生产制造及服务专业知识与技能的提高，保证其提供资源的异质性和独特性，从而发挥系统集成的作用，实现提高效率与核心竞争力的终极目的。因此，外包与供应链的内在结构存在很强的关联性和同一性，可以认为外包实质上就是供应链的一部分，相互关联的多级外包以及以产品或服务为主线的多层纵向延伸构成了一条完整的供应链。

由于外包对不同国家的工资、就业等影响的敏感性，国际上一般以全球外包涵盖外包与离岸外包。其中离岸外包也称国际外包，已经成为 21 世纪企业的主要业务活动之一。离岸外包的概念最早起源于美国，起初离岸供应商称之为辅助的应用开发帮助（supplemental application development help）。离岸外包指跨国企业或组织将非核心业务和部分关键业务剥离到其他国家的行为。离岸外包的外包商与其供应商来自不同国家，外包工作跨国完成。由于劳动力成本的差异，外包商通常来自劳动力成本较高的国家，如美国、西欧和日本；外包供应商则来自劳动力成本较低的国家，如印度、菲律宾和中国。Mike W. Peng 在其《全球商务》一书中定义了跨国企业四个业务活动单元，其中就有离岸外包，具体如图 2-2 所示。

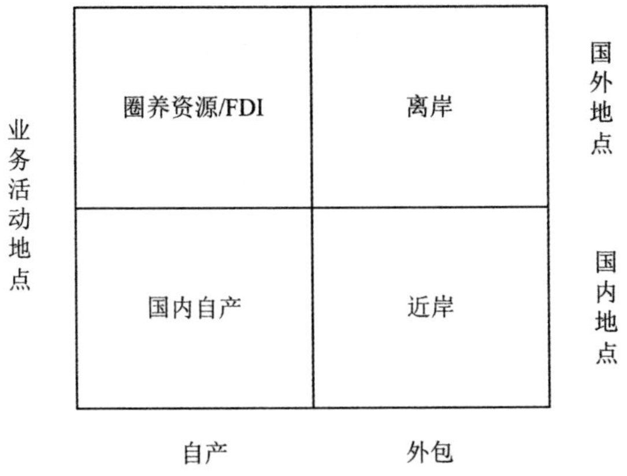

圈养资源/FDI	离岸	国外地点
国内自产	近岸	国内地点
自产	外包	

业务活动地点

图 2-2　跨国企业业务单元

资料来源：Mike W. Peng（彭维刚），2009

　　总之，离岸外包一方面可以利用不同国家的区位优势，另一方面可以利用外部供应商的专业优势，从而实现增值。

三、对外直接投资

　　在全球供应链领域内研究较多的另一个独特领域，即对外直接投资（FDI）。对外直接投资指跨国公司在海外控制企业部分产权和参与管理经营的活动，其形成的过程意味着国际间资本的流动。在完成对外直接投资活动后，企业内部的产品跨国流动也是全球供应链的重要组成部分，例如跨国公司可以根据技术强度、对外直接投资的程度、生产流程的可拆分性以及是否需要售后服务等产业性质决定采取内出口（即母公司对其海外附属机构的出口）的管理模式（Lall，1978）。Mike W. Peng 所定义的跨国企业四个业务活动单元中涉及全球情境的还有圈养资源，如图 2-2 所示。圈养资源（captive sourcing）在概念上类似于对外直接投资，指在海外建立分支机构，相关工作在国外的企业内部完成。因此，在对外直接投资或离岸外包之间进行选择，通常是全球供应链战略选择的一部分（Helpman，2006）。这也说明即使对单一企业来讲，价值增值活动也可能遍及世界各个地区，从而利用最佳的区位和专业优势开展业务。

四、全球供应链管理

　　全球供应链与外包管理的定义多种多样。可以说有多少个研究领域，就有多少种对全球供应链管理的定义。全球供应链管理会影响竞争优势，因此可以从战略的视角去讨论；全球供应链可以特指服务于全球客户的供应链，因此其管理也是营销管理的内容；全球供应链管理还是在国际的、集合的情境下管理生产输入的决策过程，因此也是国际商务管理、运作和采购管理的内容，称之为全球采购；全球供应链管理还涉及中间产品的转移定价等经济学问题。尽管如此，但对于全球供应链管理的定义却有一个共通之处，那就是：区分全球和国内情境的不同，强调制度和文化的差异。一句话，全球供应链管理是在全球情境下的供应链管理，因此供应链管理的所有内涵，全球供应链管理也都包括，譬如：供应使用的是垂直视角而不是水平视角；链则意味着多个参与者；管理说明是一种有意识的、积极的活动或努力。全球供应链管理是在时间和空间两个维度对一般供应链管理的质的突破，就是在全面、迅速地把握全球各地消费者需求的前提下，对供应链进行计划、协调、操作、控制和优化，在满足消费者需求的基础上，进行跨国家、跨地域和跨文化的系统布局、协同运作，实现对覆盖全球的信息流、资金流、物流、服务流的宏观控制，达到降低成本、提高全球竞争力的目的。

通过对现有文献的梳理，根据两个纬度将全球供应链与外包管理区分为六个不同的研究主题。这两个纬度为：分析层级和研究重心。其中分析层级区分为国家和产业研究、公司层面研究和买卖关系研究三个不同的层级，研究重心区分为管理行为和前因研究以及管理绩效研究两个不同的侧重点。这两个纬度组合就获得了六个不同的主题，具体如表 2-1 所示。

表 2-1　全球供应链管理的综述架构

分析层级 研究重心	国家/产业	公司	买卖关系
管理行为和前因	走向全球	全球采购	关系系统
管理绩效	区别绩效	成本和效益	综合绩效

全球供应链与外包管理是一个多角度、多方法的跨学科研究主题，分布在营销、战略和组织、经济学、国际商务及运作和采购管理五大独立的学科领域，可谓是包罗万象。其中，分析层级的不同实际上为我们提出了不同的管理研究问题，例如国家和产业层面研究，一方面为政策制定者和政治家们提供制定政策的依据，一方面为公司管理者处理利益相关者的关系提供指导；公司层面研究则为公司战略制定者提出全球采购的比例和离岸外包所在地的问题；关系层面研究则在给定的制度与文化情境下为如何处理供应商和客户关系提出了管理与执行的问题。而研究重心这个纬度则完全是两个阶段决策过程的镜像体现，第一个阶段的管理行为和前因就是分析相关情境因素而进行决策，第二个阶段管理绩效则是评估决策的影响和绩效。

综合以上两个纬度，就建立了全球供应链形成和运作的两大理论框架，如

图 2-3 所示。其中，国家、产业和公司等方面的因素交互决定了企业的供应链政策和供应链实践，而绩效结果则一方面决定于供应链设计与执行的匹配，另一方面决定于供应链的设计是否与国家、产业和公司的影响因素相匹配。

在全球供应链战略选择完成后，供应链中的每个公司都面临着关系系统的建立与维护问题，关系系统包括关系类型，即供应双方是信任还是合作的关系，还包括关系治理模式，即供需之间是层级治理还是市场治理，在风险控制上是进行过程控制还是结果控制。而在关系系统的建立与维护上，国家、产业及公司的影响因素以及全球供应链战略选择均对供需关系的管理产生不同的影响（Lane et al.，1996；Dyer et al.，2000）。在这个过程中，全球供应链形成后其关系型资产即关系长度和专用型资产以及文化距离的不同则调节着关系的变化和战略的调整，并进而为供应链带来不同的财务绩效、关系绩效或竞争优势（Kotabe 等，2003）。

因此，在关系层面，全球供应链的形成与运作就成为一个循环的过程，全球供应链战略影响了关系系统的建立与运作，而关系系统及其所带来的整体绩效情况又反过来影响了全球供应链的战略变革。这个过程并不是完全封闭的，其中有环境影响即国家产业因素的影响，同时也有自身成长因素的影响（宋华和贾景姿，2014）。

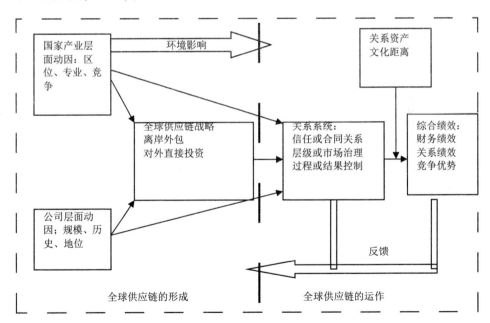

图 2-3　全球供应链管理的整合模型

资料来源：宋华和贾景姿，2014

2.2 全球供应链的形成动因

2.2.1 走向全球—国家与产业层面

国家的不同意味着文化与制度的差异，而全球供应链管理则正是基于不同国家的情境进行研究，母国和东道国正式和非正式制度中规则元素、标准元素和文化认知元素的不同，为企业提供了不同的强制规范、标准约束以及合法性认知，因此文化与制度的差异决定了组建何种形式的供应链和不同的管理行为。产业特征包括产品特性、产业的不确定程度和竞争程度，也同样会影响到全球供应链的形式。由于不同的产业在不同的国家所考量的因素不同，跨国公司的全球供应链战略侧重点明显不同。例如，当跨国公司考虑供应链流程外包的时候，如果外包到中国，常常考虑中国的经济发展情况、知识产权保护问题、政府的政策和规则以及中国企业外包服务能力等方面的因素。而印度在承接完整的供应链外包、IT外包和离岸业务外包等方面有明显优势。因此，国家地域、资源优势、文化与制度、产业特征的不同是最能寻找到支持不同全球供应链模式的理由，成为国家与产业层面全球供应链管理模式形成的动因（如表2-2所示）。

表2-2   全球供应链模式的国家与产业层面动因

主题	代表人物	主要内容
垄断优势	Hymer，1960	从资源配置角度结合垄断优势和区位优势，获得帕累托改善
产品生命周期	Vernon，·1966	从比较优势视角结合产品生命周期和国家要素禀赋不同，进行产品生产转移
国际生产折衷论	Dunning，1980	所有权优势、内部化优势和区位优势，不同的优势组合决定何种全球供应链模式
小规模技术优势	Wells，1977，1983	发展中国家的企业可以凭借满足细分市场或低价营销参与全球竞争

主题	代表人物	主要内容
技术地方化	Lall，1978，1982	发展中国家的企业可以模仿先进技术并进行消化吸收和创新，使技术地方化
后发优势和产业升级	Cantwelland Tolentino，1990	建立在学习吸收基础上的技术创新，以及产业分布和地区分布的转移
边际产品扩张	Kojima，1978	从本国已经处于或即将处于比较劣势的产业开始进行全球供应链构建

资料来源：根据文献整理

在以上动因的基础上，Haakonsson 等（2013）则提出了协同进化理论，并以印度案例为证指出东道国的制度变革、知识产权、教育与跨国公司全球采购的区位选择、治理模式选择之间的影响作用。Pomfret（2014）指出需要考虑运输和其他贸易成本，通过区域价值链的方式基于整体贸易成本进行全球供应链的构建。

2.2.2　全球采购—企业层面

企业层面的影响因素主要有企业能力、规模、需求、历史和在供应链中的地位。以上因素，甚至包括企业国别的不同（Griffis et al.，2014）、企业道德判断的不同（Bregman et al.，2015），不仅影响了全球供应链组建模式，诸如海外市场的服务模式、制造技术和生产规划、内部和外部供应商的选择、自制或采购选择，而且影响了全球供应链定位决策。具体来说，有以下几个方面。

一、国际化阶段理论

国际化阶段理论（Johanson et al.，1975；Johanson 和 Vahlne et al.，1977）正是企业在面对本身和外部环境变化时逐步调整其全球供应链战略的动因理论。随着企业能力、规模、国际地位的变化，企业的国际化经营可以分为：1）无正式出口活动；2）通过独立的代理商出口；3）建立海外销售分部；4）开始海外生产和制造共四个不同的阶段，这四个阶段反映了企业由浅入深的国际化过程，也是企业自身能力、地位不断变化的过程。

在此基础上，鲁桐（2000）提出了国际化蛛网模型。即企业国际化程度反映在企业的六个侧面：跨国经营方式、财务管理、市场营销战略、组织结构、人事管理和跨国化指数。用这六个方面的量化指标构建一个平面六维坐标系，在六个坐标轴上找出相应的各点，并依次连接构成一个六边形，由于其酷似一张蛛网，故称为"蛛网模型"（如图2-4所示）。蛛网模型非常形象地说明了企业各方面因素的不同组合对组建或融入不同全球供应链模式的影响。

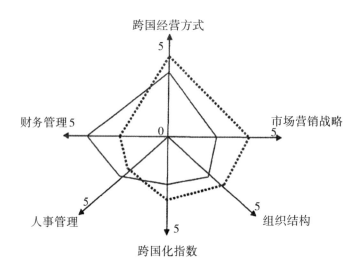

图2-4 国际化蛛网模型

资料来源：鲁桐，2000

二、内部化理论

通过对跨国企业对外直接投资行为的研究，Buckley 和 Casson（1976）提出了内部化理论，市场内部化是基于外部市场交易成本高而避免产品所有权交换的一种管理模式。跨国企业以内部化市场替代外部市场，可以降低市场交易成本，提高经营效率，同时也可以获取知识产品（技术、专利、专有技术、管理技术、信息、商誉等）。由于企业的战略和目的差异，其动因偏向有所不同，但是多种动因之间通常会存在一定联系，而且有时多种动因的共同作用才会引发一次投资行为。企业对外直接投资的动因归纳如图2-5所示。

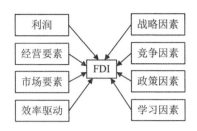

图 2-5 FDI 动因模型

三、外包动因理论

Deardorff（1979）的研究表明发达国家进行离岸外包的主要动因是生产要素在国与国之间的差异化，而外包决策则是在充分权衡要素成本节约和交易成本增加之后所做出来的。一般来说，离岸外包可以提供三个层次的价值：首先是节约成本，主要是利用接包国和发包国的人力资源成本、生产成本等的差别降低企业经营成本；其次是获取资源与能力，这主要源于技术、市场等知识的渗透；再次是业务流程再造和过程改善，有利于激发创新，促进整体进步。基于此，谭力文和马海燕（2006）认为在全球外包下，中国企业要在全球市场上配置资源，必须重构企业价值链，并根据全球价值链外包体系微笑曲线分析了中国企业全球外包市场定位的基础，构建了中国企业价值链重构的战略框架模型（如图 2-5 所示）。

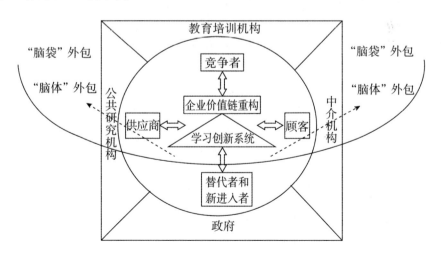

图 2-6 中国企业价值链重构的战略框架模型

资料来源：谭力文和马海燕，2006

总之，跨国企业如何在自己生产、对外直接投资、国内外包、离岸外包四种生产方式之间进行选择（Helpman，2006）从不同侧面说明了全球供应链战略选择的动因。基于对资源的考虑，即对知识产品的需求，或者是基于成本的考虑，即降低交易成本或总体经营成本，企业根据高层管理团队能力（Miguel et al.，2014）、产品设计（Marsillac et al.，2014）、企业规模（Roh et al.，2014）等因素的不同，采取内部化方式或离岸外包方式构建其全球供应链。

2.2.3　关系系统—供需关系层面

根据网络理论（Network Theory），组织机构之间的网络是相互关联的。若要了解某个组织机构的行为，需要了解他们之间的相互关系。个别组织机构所掌控的资源不相同而且不可比，组织机构物质或人力资本的投资所形成的生产和市场营销能力需要不断调整，以匹配网络其他机构力量，这些力量有利于加强产业网络的连接。在整个产业链条上，任何利益相关者之间的关系都非常重要，但最重要的还是发展和培育与分包商、供应商、分销商和批发商的关系，以获得原材料、零部件或其他生产和经营要素。

供应链竞争力的实现需要相关利益方之间能够形成紧密的协作关系。这种协作关系质量则源自学习和信任这两个战略要素。相应地，这两种战略要素则因不同国家和地区的政治、制度、文化差异而采取不同的供应链管理策略来获取。此外，关系系统是双方的，供方也需要在组织结构、技术开发等方面与需方能力相适配并调整，才能在较长时期内建立共享信息、共担风险、共同获利的合作伙伴关系（Plugge et al.，2013）。

2.3　全球供应链的管理绩效

2.3.1　区别绩效—国家与产业层面

在国家、产业层面，根据波特提出的价值链，供应链管理绩效来自供应链管理活动中产生的价值，更进一步，来自该产业合作与学习所带来的规模经济（Berkowitz 和 et al，1987）。张明志（2008）指出，国际外包为发展中国家融入全球生产分工体系，促进产业升级提供了难得的机遇。

不同的产业追求的绩效不同。举例来说，在零售产业，全球采购战略严格意义上并非基于财务考虑，而是成为"零售家"的动机（Gibbon，2002）；在海洋集装箱运输业，供应链管理驱动产业从高利用、低服务、价格垄断转变为高可信度、终端客户导向和供应链定价（Fransoo et al.，2013），在药品、疫苗、健康科技产业，与之不相匹配的供应链设计，导致全球健康供应链低效运行（Kraiselburd et al.，2013）。但是，无论是哪种类型的产业，只有与东道国文化和制度相适应，才能成功转移母国高效的管理模式，获取竞争优势（Kenney et al.，1995）。

2.3.2　成本与效益—企业层面

国内外学者们不仅从理论上阐述了全球供应链管理实践对企业建立持续性竞争优势的重要性，同时也在实证领域证明了全球供应链管理实践能够增加企业的市场份额和投资回报，以及通过满足客户需求，改进整体竞争地位，并通过持续促进经济绩效，提供满足未来需求的可能性。

宋华、刘林燕和李文青（2011）通过对中国上市公司的面板数据进行分析，发现中国上市公司国际化程度和供应链管理实践水平还不够高，但对企业绩效都存在着影响。在国际化初级阶段，融入全球供应链并积极提高全球供应链管理水平将会给企业的绩效带来提升和保障。而采取供应链促进措施，则是提高供应链管理水平的一个途径，能对成本、及时性、柔性、质量等全面绩效发生作用，但在全球采购、全球制造和全球销售的供应链结构下其效应大小却存在差异。因此要针对不同的供应链结构，采取不同的供应链促进措施（Caniato 等，2013）。

此外，在离岸外包方面，企业进口中间产品寻求生产成本的节约，短时间内使生产函数外移，长期则改变了生产要素投入份额的不同从而影响生产力（Holger 等，2004）。而在全球服务外包中，随着服务客户化程度的提高，接包企业控制成本下降（Handley et al.，2013），同时接包企业也在技术获取和自主创新空间中具备更加主动的地位，创新能力得到提高，从而获取竞争优势（黄烨菁和张纪，2011；卫平，2012）。除此之外，Steven 等（2014）也经过实证分析发现离岸外包对产品召回的影响程度比海外分支机构要高，而且供应商集中度与外包水平对产品召回产生积极的交互作用。

2.3.3　综合绩效—供需关系层面

首先，全球供应链管理的重要目的之一仍然是客户满意，要达成客户满意的目标，全球供应链管理必须强调供应链中各合作伙伴的集成，实现合作伙伴之间的信息共享，在客户满意的基础上，实现供应链整体绩效的提高。所以，供应链优化更多地取决于双方在互相学习和相互信任的基础之上的关系质量，而不只是反应的数量。因此供需之间建立战略伙伴关系，执行信息系统设计、流程和网络架构管理等供应链战略，能够加强信息共享与知识交换，显著提高供应链管理实践的有效性，一方面可以保证原材料供应质量和准时性，降低生产成本，促进全球采购项目的成功；另一方面可以提高客户重复购买率，促进产品创新，获取竞争优势；总体上可以促进运作、质量和战略全方位供应链绩效的提高（Ian et al.，2013；Horn et al.，2014）。

其次，全球供应链管理的综合绩效不仅包括经济绩效，还包括可持续性的社会与环境绩效。其中，离岸外包所带来的技术外溢及由此而带来的社会绩效提高是显而易见的。郎永峰和任志成（2011）实证研究了中国软件行业承接国际软件外包的技术外溢效应，证明中国软件行业获得了技术外溢的益处，提高了本土软件行业的劳动生产率。而在全球供应链中供应管理则以可持续性供应链管理为中介对可持续性绩效发挥间接的积极作用，并对可持续性供应管理和可持续性绩效的积极关系起正向调节作用（Jury et al.，2014）。

第三，全球供应链中的风险管理也是通过控制风险而提高综合绩效的一种供应链管理实践。在全球情境下，空间的纬度跨度较大，不同的国家和地区涉及不同的政策和法律制度，而供应链管理又要求合作伙伴的集成、分享与配合，制度与文化的差异无疑成为风险产生的最重要因素。因此就需要认识供应交货、需求波动等不同类型风险，采取有针对性的供应链设计，执行不同的全球供应链风险管理对策，实现计划完成度、竞争优势和客户满意度等相应绩效的获取（Li et al.，2013）。同时，通过相互信任与学习的关系构建，有效降低风险指数，将预期成本最小化，避免供应链失败（Hammami et al.，2014）。

第3章　全球供应链风险

近年来,随着竞争的加剧和全球市场化的形成,对企业提高绩效和参与全球竞争造成了很大压力。大量的制造性企业为了降低成本与库存,将企业的一部分生产经营活动外包出去,甚至外包到一些低成本国家,促进外包量的进一步扩大和供应链成员地理距离的增加,也加剧了供应链脆弱性的产生(Christopher et al.,2004)。

供应链具有内在脆弱性。其内在脆弱性,一方面体现在企业置身于错综复杂、多级供需关系相互交叉形成的供应链网络关系之中,网络中的每个企业出现问题都会直接影响到与其有供需关系的其他企业,并通过这些企业一步一步地传导到数倍多的企业,造成供应链内其他企业的经营管理风险,从而影响到整个供应链绩效,甚至导致供应链关系的破裂(Cooper,1997)。单个企业出现的问题经由供应链网络渠道的传导与叠加,使供应链变得更加脆弱,这种脆弱性导致了供应链特有的风险。

供应链的内在脆弱性,另一方面还体现在供应链中的企业通过供应链合作获取自身所不具备的或者不具有优势的资源与能力,因此在整合利用内外部资源的基础上形成的供应链,使供应链中的企业依赖于所利用资源的拥有者,即依赖于外部环境与供应链中的其他企业,从而使供应链变得更加脆弱。这种依赖体现在没有供应商及时的、有质量保证的供货,就没有下游生产商的生产连续性和产品质量的保证,也没有销售活动的顺利开展,更不可能满足最终客户的需求。显然,企业活动在时间和关系上的依赖导致供应链管理方式下特有风险的产生。

同样,外包方式的内在脆弱性也是天然的,由于不能完全控制合同,外包企业会丧失外包业务掌控权,因此外包天然存在风险(Tafti,2005)。外包具有的内在脆弱性,使外包企业暴露于更大的风险之中,而且随着接包方与发包方关系的不同,风险类型、风险的持续期以及风险对发包方的影响程度都不同(Zsidisin et al.,2003)。

更甚的是,随着经济全球化,产品生命周期的缩短,技术创新的加速,企业面临着更加动态的竞争环境。为了持续获得竞争优势，供应链中的企业通过密切合作，有效响应外界环境的不确定性。供应链的运作活动在给供应链带来效益的同时，也导致合作关系的变化、供应链生态的调整，使供应链的稳定性面临不同程度的挑战。

在全球供应链与外包之中，这种脆弱性就更需要重点关注。这是因为全球的空间的纬度跨度较大，而供应链管理又要求合作伙伴的集成、分享与配合，制度与文化的差异无疑成为风险产生的最重要的因素。

因此，要更好地实现供应链运作目标，促进外包成功，就需要对供应链与外包风险进行有效管理，包括风险发生前的防范与规避，与风险发生后负面影响的消除。而要管理好供应链风险，首先需要识别供应链风险。要识别供应链风险，就需要首先对供应链风险进行定义，并分析供应链风险来源。

3.1 供应链风险管理的定义

3.1.1 供应链风险

风险是一个跨学科的研究构念，涉及决策、财务、营销、心理学等多个学科领域，不同的学科领域对风险有不同的认识。总的来说，对于风险，有两种不同的理解，一种是将风险完全理解为不利影响，另一种则认为风险也是另一种机会（Mitchell，1995）。

古典决策理论把风险定义为一种不确定性，这种不确定性导致了预期价值或结果的偏离（Arrow，1965）。其中有正向的偏离，也有负向的偏离。当产生正向的偏离时，即我们通俗意义上认为的"更大的风险就意味着更大的机会"。显然，该理论所认为的风险既是威胁也是机会。但从行为的观点来说，风险是一个概率的概念，会产生负面影响的可能性（March et al.，1987）。因此该种观点认为风险就是威胁。

但是无论是威胁还是蕴含机会，风险来自偏离预期结果的不确定性，但却是各个学科领域公认的，只是在管理领域内，更注重风险所造成相对绩效下降的负面影响。因此管理领域的研究者不仅仅研究偏离预期结果的概率，还研究风险发生后预期损失的多少。

尽管风险问题早已被各个学科的研究者和管理者们广为关注，但供应链风险的研究却起步稍晚。随着环境不确定性的增加，供应链管理受到了更多挑战，人们将关注点投向供应链风险，特别 2008 年全球性经济危机的出现，导致这一领域出现了第一个研究热潮，并将供应链风险继续延伸到全球供应链风险。尽管 2016 年以后此方面的研究显著减少，但由于新冠肺炎疫情对全球供应链造成了巨大影响，同时基于我国将海南省、深圳、厦门等经济特区进一步推向全球化的政策导向，预计在全球供应链风险管理研究上将会迎来一个新的高峰。在这种情况下，供应链风险的定义已经基本成熟。

供应链风险的定义，基于其管理范畴，在很大程度上借鉴了管理领域中对于"风险"的不确定性和负面影响的认识。供应链风险（supply chain risk）又称供应链干扰（supply chain disruption）、供应链脆弱性（supply chain vulnerability）、外包风险（outsourcing risk），指的是供应链中产品/服务、信息、资金流动过程中由于供应链内外部不确定因素导致的供应链绩效水平与预期目标的负向偏差，导致因不能实现供应链与外包管理的预期目标而给供应链企业带来破坏性、干扰性、甚至供应链中断甚至供应链合作失败等不良后果的可能性（Wagner et al.，2006）。其中就强调了风险由于供应链内外部环境的不确定性而产生以及风险会对供应链及其企业成员的绩效产生不利影响。在供应链风险中，不确定性是指由于信息的不完全性不能预知内外部环境的变化，而负面影响是指风险事件或活动所造成的损失、危害等不利影响。

基于此，管理领域中的供应链风险包含两个维度，其中一个维度是可能性，即风险发生的可能性与概率，另一个维度是损失程度，即风险发生后所产生负面结果的严重程度。这两个维度交叉起来可以评价风险程度和风险等级，当一项风险发生的可能性比较高，风险发生后所造成的损失也比较大，则该项风险程度较大，风险等级较高，需要严格控制。

3.1.2　供应链风险管理

供应链管理的有效实施要求供应链企业之间能够共担风险与共享收益，从而形成单个企业管理方式下所不具有的竞争优势。因此风险共担与收益共享是供应链成员合作需要长期关注的问题。其中，供应链风险独立于供应链收益而存在，且成反比，即降低风险可以提高收益，这为供应链风险管理提供了目标驱动力。

提高供应链收益，进而通过共享收益增加企业合作中的分配利益。在这样的目标驱动下，供应链风险管理就成为供应链企业主动开展的行为，需要积极探索供应链风险产生的深层次原因，有针对性地对供应链风险进行规避与控制。

因此，供应链风险管理就是识别潜在的供应链与外包风险驱动因素，区分各种供应链风险来源,并加以评估,采取相应的风险规避措施控制风险(Jüttner et al.,2003)。通过合作关系的建立、有效的业务流程管理、高质量的信息共享,降低外包失败现象发生的可能性(Handfield et al.,2007)。此外,加强供应链企业间的协调与合作、整合供应链成员这些供应链管理措施也能管理供应链风险并确保企业盈利能力和可持续发展(Christopher,2002;Tang,2006)。Manuj 和 Mentzer(2008)则从供应链全球化视角,提出供应链风险管理就是对风险进行识别和分析,并对风险发生后的相应损失加以评估,以有效进行控制与监测,并通过一系列供应链整合战略,从而降低不利影响、获取供应链绩效的过程。

有效的风险管理可以提高财务绩效和竞争优势,还可以实现成本节约和盈利提升的目标,不仅能给企业带来直接好处,还能带来许多间接的其他好处,例如提高企业的快速应对能力,降低企业总的物流采购成本,促进伙伴间对利益分享和风险共担的理解等(Manuj et al.,2008)。因此,为了消除风险的负面影响,获得较高的供应链绩效,对风险进行识别、评估、控制、监测等一系列风险管理活动至关重要。

3.2 供应链风险来源

管理供应链风险首先需要对风险进行识别。识别风险就是对风险的来源及驱动因素进行分析,并对风险进行分类,从而在对风险进行评价的基础上,针对不同类别的风险采取不同的管理措施。其中供应链风险驱动因素(supply chain risk drivers)是指可能给供应链企业带来负面影响的各种潜在因素,供应链风险来源(supply chain risk sources)则是指基于供应链风险发生的深层次原因区分的风险类型。通过以上两者的识别探索企业在供应链中可能遇到的潜在威胁以及威胁的类别。根据研究视角的不同,现有关于供应链风险来源与驱动因素的探讨可以分为四类。

3.2.1 企业职能观

这类研究立足于供应链成员企业的内部运营控制和流程,从供应链企业内部的职能要素来分析供应链风险来源。这种风险分类非常重视关键性的企业内部运营风险因素,结合供应链构成要素和管理要素,认为风险来源于物流、信息流、资金流的不确定性和企业间信息系统安全性四个方面(Spekman et al.,

2004）。前三种风险来源可能会造成供应链中断、延迟、库存过多、成本过高等问题，后一种风险来源可能会导致信息泄露、知识产权等一系列问题。Chopra 和 Sodhi（2004）将供应链风险来源分为中断、延迟、系统、预测、知识产权、采购、应收账款、存货与能力九大类，基于企业内部运营流程考虑了应收账款、存货风险，多有交叉；但这种风险分类却忽视了企业所处的供应链与外包管理模式下特有的风险因素。因为虽然企业内部运营问题是影响企业绩效的重要因素，但这类风险却并不是供应链管理模式下企业所独有的现象。

3.2.2　供需匹配观

供应链管理方式下，企业管理的重心是企业与其上游供应商和下游客户的供需匹配。因此，该类研究着重从上游供应商、下游客户角度来分析供应链风险来源，认为供应链风险主要包括供应风险、需求风险和环境风险。这类研究突出了企业与供应链其他企业间，特别是供应商与客户之间的联系。因此这种分类方式认为供应链风险来源在于对上下游的依赖性及环境不确定性，其中最主要的原因就是供需不匹配，环境风险只是对供应风险和需求风险都有影响的外部因素，并非主要风险来源。这种风险分类最为常见，但对供应链外包风险的研究集中于产品供应链和制造外包，甚至把供应风险作为供应链风险进行研究，忽略了服务供应链的独特属性（Christopher et al.，2004）。对于服务外包这种生产与消费在同一时间进行的外包活动，单纯关注供应风险无疑遗漏了服务外包活动所需面对的特定风险。

3.2.3　网络层次观

该类研究立足于供应链网络结构，从供应链网络组织层面、组织间层面和供应链外部层面三个不同层面研究供应链风险来源。如 Jüttner 等（2003）将供应链风险区分为环境风险、网络风险和组织风险。如 Wagner 和 Bode（2008）把供应链驱动风险因素区分为供应链内部与供应链外部两大类，其中供应链内部驱动因素就包括需求因素和供应因素，而外部驱动因素则包括政策、法规和管制、公共基础设施和自然灾害因素。Manuj 和 Mentzer（2008）指出供应链风险包括供应风险、需求风险、运营风险、安全风险、竞争风险、宏观经济风险、政策风险、资源风险，其中前四种主要来源于供应链内部，后面四种则来自供应链外部的环境之中。

这种分类方式抓住了供应链管理的网络性特点，引入了外部环境因素，采用剥洋葱的方法对供应链网络层次进行条理分析，认为供应链风险来源分别为组织内部环境的不确定性、组织间环境的不确定性、供应链外部环境的不确定性，给出了一个相对全面的供应链风险驱动因素划分方法。但是这种分类方式却忽略了供应链中来自合作方未来行为不确定性的独特的合作关系风险。

3.2.4 伙伴关系观

Das 和 Teng（2001A）基于战略联盟提出服务外包作为战略联盟的一种形式，其风险可以分类为关系风险和绩效风险。Gefen 和 Wyss（2008）通过分析软件开发外包关系指出供应链与外包风险包括两大类：一类是供需关系风险；一类是无法预见的不确定性风险。Rao 和 Goldsby（2009）从战略联盟的内外两个角度把供应链风险分类为：关系外不确定性风险，包含环境和产业风险；关系内不确定性风险，包含组织内风险、组织间风险和关系风险。这种分类方法抓住供应链中战略关系特点，把供应链风险一分为二，从关系内和关系外进行大类分析，认为供应链风险来源分别为环境不确定因素、组织间不确定因素以及合作方行为不确定因素。其中关系风险正是来源于合作方行为的不确定性，即当合作双方目标不一致时，合作一方采取机会主义行为追寻自己的目标而背离合作目标的可能性和后果。这种分类方法针对风险的不同来源和不同驱动因素进行了划分，便于有针对性地进行控制管理。

总之，由于风险来源于不确定性，而不确定性因素存在于组织内外，因此作为一个开放的、跨越组织边界的系统，要有效识别供应链风险，就需要综合全面地考虑供应链内外的影响因素。在上述四类风险来源的分析中，其中前三类对于供应链风险驱动因素的分析着重于组织内部、组织上下游的供需对象以及供应链内外各个层次，但都不全面，第四类分析则在供应链内外各个层次分析的基础上，着重于对伙伴关系风险的分析，因此在识别供应链风险驱动因素及供应链风险来源分类上更加全面。

根据供应链的组成，不确定性因素包括以下三个层面：组织内部环境的不确定性、组织外部环境（供应链内部）的不确定性、供应链外部环境的不确定性（如图3-1所示）。因此，对应的供应链风险驱动因素可以分为四类：环境风险因素、供需风险因素、供需关系风险因素和组织内风险因素。但这四类风险驱动因素彼此之间并不完全独立，对于供应链稳定性的影响机制也不同。考虑到供应链是由最初的供应商向最终客户延展的服务和产品流转的链条，供应链管理的焦点是供应链成员企业之间的关系。因此，合作方行为不确定性因素则成为供应链风险管理的重点。由此而导致的关系风险有可能对供应链绩效独立发挥产生负面影响，也有可能与环境风险一起影响供应与需求风险，进而对供应链稳定性产生影响。

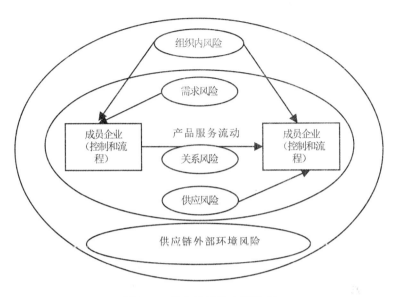

图 3-1　供应链风险来源分析

如图 3-1 所示，供应链风险最直接的表现形式是成员企业与供应链上下游企业之间的供应风险、需求风险与供需关系风险。但这并不表明内部运营风险及外部环境风险不重要，组织内风险与环境风险最终都将通过供需风险而表现出对整个供应链绩效的负面作用。特别是在经济全球化的今天，全球供应链结构的复杂性导致日益增加的环境动态性和竞争性，进而加大供应链风险，使得我们需要更加关注对于供应链驱动因素的识别与分类，并针对不同的供应链来源进行发生概率和危害性的评价，从而选择执行相应的供应链风险管理战略。

3.3　供应链风险管理战略

3.3.1　供应链风险的危害

供应链风险的定义强调了其对于供应链及企业绩效的负面影响，因此需要确定不同风险对供应链与企业绩效的影响程度，并对风险进行评级及选择相应的供应链风险管理战略。在对企业绩效的影响方面，Hendricks 和 Singhal

（2005）以系列研究通过企业当年异常股票收益下降验证了供应链风险在短期内对企业财务绩效存在负面影响，通过 3 年平均异常股票收益下降验证了供应链风险在长期内对企业股票价格的负面影响，通过实验设计对比分析供应链风险公告前后企业经营绩效的改变，发现供需不匹配风险对企业经营绩效存在负面影响。在对供应链绩效的影响方面，Wagner 和 Bode（2008）研究发现因供应链内部的供需不协调而引发的需求风险、供应风险对供应链绩效具有显著的负面影响，但由供应链外部的环境因素而引发的政策、法律和管制风险以及自然灾害风险对供应链绩效没有产生显著影响。总之，一系列研究均验证了供应链风险对企业及供应链绩效的负面影响，这就要求供应链企业主动控制供应链风险。

3.3.2　供应链风险控制策略

控制供应链风险就是在识别风险的基础上，从减少风险发生的概率、改变风险后果的性质和降低风险后果的影响三个方面实施风险规避活动，从而实现供应链绩效。

Christopher 和 Lee（2004）通过概念性研究分析了如何通过增进合作伙伴间的信任来降低供应链与外包风险，提出可视性和控制对获取供应链绩效的重要作用。

Wagner 和 Bode（2006）选取来自德国企业的 760 位高管作为调查样本，运用回归分析研究，发现企业可以通过避免或减少对供应商或客户的依赖控制供应链风险，此外，单一采购和全球采购虽然在稳定的环境下会提高供应链效率，但在动态环境下均会加大供应链风险。

Manuj 和 Mentzer（2008）运用扎根理论，专门研究了全球化背景下的供应链风险管理战略，通过深度访谈，提出六种全球化供应链风险管理战略，包括：延迟、选择性风险承担、风险转移、对冲、安全保证、回避。并强调在不同的供应链风险情境下，企业将采取不同的风险管理战略。

Wagner 和 Bode（2008）则采用问卷调查的方式并运用权变理论研究不同供应链风险驱动因素所引起的风险作为情景变量下供应链战略对供应链绩效的不同影响。并根据其影响提出企业在制订供应链风险管理战略时，供需协调是需要考虑的关键问题，而政府政策、基础设施及自然灾害因素所带来的潜在风险则是次要风险，不需过多关注。

Hendricks、Singhal 和 Zhang（2009）则以华尔街日报和道琼斯新闻服务社所刊出的 1987~1998 年间 307 起上市公司关于供应链风险的公告及标准普尔公司会计数据库为二手数据来源，运用事件研究法研究了经营滞阻、多样化战略、一体化战略对供应链风险后果的降低效果。研究结果表明：企业的精益化程度越低，受风险的影响就越小；业务多样化程度对抵御供应链风险无显著影响，地点多样化反而会增加供应链风险；垂直相关性程度越高，企业受供应链风险的影响就越小。

Skipper 和 Hanna（2009）选取了 168 位参加高级应急计划流程研讨会的管理人员进行调研，发现采用应急计划战略流程可以有效地提高组织弹性，从而有效地降低供应链风险。

显然，针对不同的供应链风险来源以及不同的风险情景，需要有不同的控制管理策略才能有效地防范和规避供应链风险，或者有效降低供应链风险的影响。例如供应与需求风险需要采取供需协调来降低风险发生的概率，当然也可以采用安全库存或多余生产能力来设立缓冲降低风险发生的不利影响。针对自然灾害、政策、市场等不可控风险也适用于采取降低风险发生影响的活动。在风险规避活动中，更多的是强调信息共享和风险共担因素。尽管完全消除外包风险是不可能的，但良好的控制却可以有效降低风险发生的可能性（Zsidisin et al.，2003）。因此，根据以上风险控制的定义，可以按控制发生在风险前后的不同，把供应链风险控制区分为两大类策略（Zsidisin et al.，2003）：

风险缓冲策略：降低风险发生后的不利影响或改变风险结果的性质，例如增加供应商，降低对供应商的依赖、安全库存，基于结果的风险控制方式、应急计划战略，供应链弹性的建立等。

风险削减策略：识别风险来源，针对风险来源采取相应的治理机制和控制策略、设计和构建相应的关系结构来降低风险发生的可能性或概率，例如信息共享、风险共担、基于信任的授权，基于行为的控制方式等。

风险缓冲策略在某些情况下的使用无疑是有效的，但其提供的缓冲却是一种短期的解决方案，而在长期来说，供应链成员企业仍需花费成本采取风险削减策略进行过程促进、沟通协调以降低风险发生的机会（Zsidisin et al.，2003）。

3.3.3 全球供应链风险管理中的矛盾因素

尽管在风险控制的研究方面已经非常成熟，但无论是缓冲策略还是过程促进，多数研究主要针对供应风险，而面对关系风险、合作风险等一些供应链特定风险却鲜有更系统的控制研究。此外，以往关于外包风险的研究集中于制造外包，在当前服务时代的大背景下，服务外包与服务供应链的情景下，针对特定型的外包关系风险的管理控制应进一步加强研究。最主要的还在于多数研究都忽视了供应链风险控制与供应链管理之中存在的矛盾问题。全球化、外包、单一供应商战略、快速响应及精益经营这些供应链管理战略是造成供应链更加不稳定、风险加大的主要原因。由于加大了对外部环境的依赖，企业失去了弹性，供应链变得更加脆弱。这些供应链管理战略的执行在追求效率的过程中导致供应链风险增加，因此供应链管理战略对于风险管理的双刃性，使得效率与风险如同鱼与熊掌，能否兼得成为企业未来经营过程中的难题。Pettit 等（2010）指出供应链管理就是供应链风险与供应链能力的制衡，二者的均衡，可以有效控制供应链风险，提高供应链绩效。供应链效率与风险之间的对立与矛盾主要表现在以下几个方面。

一、结构复杂性与稳健性

全球供应链结构与流程的复杂化，使供应链内外部的不确定性增加，导致供应链绩效丧失稳健性（郭捷，2011）。因此全球供应链在其结构上存在复杂性与稳健性之间的矛盾。

二、分工（差异性）与协作（统一性）

全球供应链本身就是分工协作的矛盾共同体，其中分工的基础在于供应链成员企业的差异性，而良好的协作又要求消泯差异，进行统一性建构。

三、合同治理（控制）与关系治理（授权）

供应链企业需要以合同控制实现期望的行为和结果，但合同控制释放不信任的信号，会阻碍以信任为基础的合作关系的形成。而关系治理是一种自我强化的机制，又可以在一定程度上取代合同控制（Adler，2001；Das et al.，2001A；Rustagi et al.，2008）。因此全球供应链在其运作上存在控制与授权之间的矛盾。

四、供应链精益化（效率）与供应链柔性化（弹性）

供应链精益化能提高供应链效率，但是却会使供应链的弹性越来越小，同时加大供应链风险（郭捷，2011；Hendricks et al，2009）。而要建立柔性供应链，又需要设置一定的冗余，导致供应链效率下降（宋华，2020）。因此全球供应链还在其运作上存在效率与弹性之间的矛盾。

第4章　供应链风险管理的理论基础

供应链风险管理与供应链管理是分不开的，有些供应链管理措施可以降低供应链风险，例如供需协调、信息共享等，但有些供应链管理措施则在创造效率的同时使供应链风险程度加大，例如单一采购、全球采购等。因此要促进供应链风险管理研究，就必须了解供应链管理所依托的现有理论基础，并在此基础上，寻求供应链风险管理可以依托的最佳理论基础。

当前对供应链与外包的研究，集中于资源基础观、资源依赖理论和交易成本学的理论基础，这与交易物的资源属性和供应链的交易属性相关。诚然，对于供应链研究，产品或服务的资源属性以及供应链中的供需交易使上述三种理论成为主要研究理论。这三种理论分别适用于研究供应链管理的不同问题，资源基础观主要着眼点在于资源互补，外包的动机在于获取自己缺乏或不擅长的相应资源、能力或知识；资源依赖理论则主要着眼于如何有效获取资源，以减少资源的依赖性；交易成本学主要通过资产专用性等关系属性集中于自制还是外包的决策研究上。Cheon 等（1995）指出隶属于战略管理领域的资源基础观和资源依赖理论，分别适用于从内部资源缺口和外部资源环境来分析供应链与外包中的战略形成与执行；而隶属于经济学领域的交易成本学，则适用于分析外包及自制两种组织方式的相对优势。因此不同的理论基础分别适合研究供应链与外包不同侧面的问题，以上三种理论主要基于获取资源和交易业务视角。

供应链管理的目标是以最优的总成本实现更高的客户服务水平，而供应链风险管理的目标则是保障供应链管理目标的实现，但在供应链风险管理的过程中，不可避免地要增加成本投入，因此从总体成本最优的角度而言，供应链管理与供应链风险管理是效率与弹性的平衡，其实质是比较优势经济理论在企业层次的运用，但如何在总体成本最优的情况下，实现供应链网络的整体最优，交易成本学并没有带来更好的回答，更不用说资源基础观和资源依赖理论。因此，Logan（2000）认为，要完整地评估服务外包关系，第一步利用资源基础观评估接包方的核心能力是否能够满足客户的服务需求；第二步利用交易成本学评估交易成本，包括资产专用性、投资需求、不确定性；关键的第三步就涉及代理理论的应用。当企业决定采取供应链与外包决策而非自制决策时，要取得所需求的供应链绩效，就需要确定采取哪种供应链组织形式。要研究这种问题，非代理理论莫属（Lassar et al.，1996）。代理理论作为一门经济学理论，基于委托方与代理方的关系风险视角，适用于确定供应链与外包中不同组织形式的相对优势，而这些组织形式因供需双方之间不同的合同治理方式和关系维持方式而不同（Cheon et al.，1995）。因此，代理理论基于其独特的关注焦点，适合于分析供应链与外包关系型特定风险管理中的组织形式、合同治理方式和关系维持方式。

4.1 代理理论

4.1.1 代理理论的起源

代理理论的源头可以追溯到 Wilson（1968）的论点，当时 Wilson（1968）提出一种观点用于解释和处理组织内个人与集体的冲突和风险共担行为，这种观点即可以理解为代理理论所强调的内容，即通过达成基于行为还是结果的合同，来解决双方不同的利益目标以及不同的信息掌握程度所造成的冲突。但代理理论真正成为一个学术理论，则主要是 Mitnick（1973）和 Ross（1973）的贡献，他们主要研究政治学和经济学，并用代理理论处理正式合同关系。因此代理理论是制度经济学契约理论的主要内容之一。Ross（1973）针对当时的一种经济现象总结如下：如果两人之中一人代表另一人的利益行动，那么两人之间就发生了一种联系，其中代表人就是代理方，被代表人就是委托方，双方之间的关系就是代理关系。由此可见，代理方相对于委托方具有一种优势，这种优势使代理方可以代表委托方的利益，Mitnick（1973）以"专业化"这个词汇来定义这种相对优势，并认为基于这种"专业化"，委托代理关系成立。随着社会分工的深化和生产力的快速发展，这种"专业化"不断延伸到人类的社会生活和经济生活的各个领域，代理关系在当今社会普遍存在。因此很快就出现了代理理论在诸如社会学（Shapiro，1987）、管理学（Eisenhardt，1989）以及与公司理论（Jensen et al.，1976）有关学科的应用。

Mitnick（1973）还指出，代理人为委托人工作，意味着代理人以委托人的利益为基准或作为委托人的代表与雇员，因此，代理理论产生之初就很自然地被应用到了与公司理论有关的工作当中。不仅如此，根据代理理论所阐述的委托人指派代理人执行一定工作的定义，在经济活动的各个方面都能发现这种代理关系的身影，比如销售主管与销售人员的关系、制造商与销售代理商的关系、外包方与接包方的关系等，因此，代理理论可以在宽广的经济范围内使用。Eisenhardt（1989）指出代理理论适用于分析具有基本代理结构的两个利益主体之间的关系，其中委托方和代理方之间存在合作行为，拥有相异的目标和风险态度。基于此，供应链与外包正是这样一种代理关系，服务发包方（需方）和接包方（供方）之间的关系反映了上述基本代理结构，双方共同致力于为特定客户提供产品与服务，但分属两个利益主体，发包方期望以较小的成本获取服务成效，而接包方则期望获取更高的报酬和减少发包方的控制。同时，由于接包方代表发包方执行一定的工作，接包方显然对其工作内容和流程更了解，拥有比发包方更多的工作信息。发包方与接包方风险态度的不同体现在：由于接包方处于接受指派工作的一方，不能进行差异化选择，其风险态度处于风险厌恶类型，但发包方则处于指派工作的一方，可以进行差异化选择，因此相对接包方处于风险中立类型。基于此，服务发包方也就是需方属于委托方，接包方也就是供方属于代理方，供应链和外包中供需双方的关系属于一种委托代理关系。

4.1.2　代理问题

代理关系中存在两个潜在问题：代理问题和风险分担问题。其中代理问题出现的前提是委托方和代理方的目标冲突，在此前提下的不间断的互动关系中，由于委托方难以查证代理方执行所指派的工作是否适合而出现的代理问题就是道德风险；风险分担问题的出现则基于供需双方风险态度的不同而采取不一致的行为（Zu et al.，2012）。具体来讲，当合作各方持有不同的风险态度时，风险共担问题就出现了。从风险分担问题的延伸开来，当合作各方持有不同的目标和劳动分工时，代理问题出现（Jensen et al.，1976）。因此，代理问题是代理关系中要解决的核心问题。

表 4-1　代理理论基础

主要思想	委托代理关系应该反映信息和风险负担成本的有效组织
分析单元	委托代理合同
人性假设	自利主义、有限理性、代理方的风险厌恶
组织假设	参与者间的目标冲突、效率作为效果的标准、委托方和代理方的信息不对称
信息假设	信息作为一种可采购的商品

签约问题	代理问题（逆向选择和道德风险）、风险共担
问题范畴	在代理关系中，委托方和代理方一定程度上持有不同的目标和风险偏好

来源：Eisenhardt，1989

正如表 4-1 所述，作为代理关系中的核心问题——代理问题包含逆向选择（adverse choice）和道德风险（moral harzard），是合同签订和执行中需要特别关注与防范的问题。逆向选择指委托方对代理方能力的不真实认定，起源自事前信息不对称，影响到外包决策和服务供应商的选择，主要的解决机制在于代理关系成立之前的资质认证，以及在合同签订过程中设置有利的退出机制；而道德风险则指代理方对于委托方指派的工作缺乏努力，起源自事后隐藏行动或信息，指的是代理关系成立后代理方采取机会主义行为，为获取自身利益的最大化采取不作为行为，或者采取损害合作利益的行为，影响到供应链绩效的获取和供应链关系的存亡，因此该问题的预防解决机制是研究的中心问题。

代理问题中的道德风险最早的概念来自保险行业，指的是在人们购买保险后，虽然降低了风险发生所造成的损失，但也正因为不必承担风险发生的全部后果，会认为既算是风险发生，依靠保险所得的自己所承担的损失处于可接受范围内，而要防范风险的发生，可能需要投入比自己所承担的损失更多的精力和成本，因此造成了不努力行为（肖艳玲和徐福缘，2003）。学者们认为只要有代理关系存在，任何经济领域内都可能发生这种因风险共担而不完全致力于共同努力所导致的道德风险问题。首先，任何服务的生产与交付都或多或少地面临着结果不确定性风险。结果不确定性是指结果并不完全受代理方的行为控制。当只有部分行为作用于结果时，政府政策、经济变化、竞争者行为、技术进步等外部环境的变更都会导致结果的变异，此时风险出现，导致的不利后果就是代理方采取了正确的行为，却不能全部或部分地得到正确的结果。这种风险不仅是不能预先计划，而且其所导致的风险必须由代理关系参与者共同承担，只是由谁主要承担风险决定于双方的风险态度和合作双方的交互。其次，不管是外包、供应链还是其他经济联盟，都涉及一定的合作关系，有合作就有风险共担，就意味着一方不必承担风险发生的全部后果。对于供应链中的代理关系，同样如此。在供应链与外包关系中，代理方承担了委托方指派给自己的工作，按委托方的利益行动，面临着结果不确定性风险，但由于风险共担，代理方不必要承担全部风险的结果，从而不完全致力于共同努力，导致了代理问题的发生。因此，道德风险特指当不需要承担风险所造成的全部不利后果而导致的不作为或寻求自身利益的最大化而伤害合作利益。但是供应链绩效的获取与外包成功要求供需双方企业之间能够共担风险，这样才能形成单个企业所不能获得的竞争优势，进而分享收益（Cooper et al.，1993）。反过来，根据服务的同时性与异质性，服务供应链中的供需双方共同服务于特定客户，除了分享利益之外，也必然要共担风险。因此只要存在外包这种代理关系，就不可避免地需要风险共担。在合作过程中，当双方风险态度相异时，就涉及风险在双方之间的转移，并需要一定的成本支出与补偿，风险分担问题出现，导致相异的行为和目标，进而代理问题出现。

道德风险的起源在于信息的不对称，信息不对称指的是代理方相对于委托方具有天然的信息优势，造成了力量的不平衡。这种信息优势在于一方对交易关系比另一方更为了解（Heide，2003），例如在分销服务外包关系中，分销商也就是代理方比制造商（委托方）更了解市场属性（Dutta，1999）。然而任何代理问题，究其根源，仍然在于目标冲突。因为当目标冲突不存在时，即使委托方不能观测到代理方的行为，由于其利益和价值观是一致的，战略是匹配的，从人性假设自利主义和有限理性出发，代理方也会如委托方期望的那样去工作，代理问题不会发生。但是，目标冲突存在于发包方想以更低的成本获得更有成效的服务，而接包方则在达到发包方对服务的最低要求的基础上寻求更高的报酬，对于合作的两个利益主体，基于自利主义假设，目标冲突显然会以一定程度存在。因此，目标冲突和信息不对称是代理理论的两个核心要素（Eisenhardt，1989），也是代理问题，尤其是道德风险发生的核心来源。

4.1.3　代理成本

要避免代理问题的出现，根据代理理论，首先需要开展两项工作，其一是解决委托方和代理方的期望和目标冲突问题；其二是简单便利地证实代理方的所作所为没有偏离委托方的利益。在这两项工作中，都涉及一定程度的成本支出，这就是代理成本。代理成本由代理方和委托方目标不一致引发，分三个部分组成，其一是监督成本（monitoring cost），由委托方承担，用以评估代理方的绩效；其二是契约成本（bonding cost），由代理方承担，用于让委托方确信其承诺；其三是剩余损失（residual loss），由委托方承担，由于选择的代理方具有狭隘的效用函数而产生的损失，即当合同执行成本超过合同利益时的损失价值（Cheon et al.，1995）。在委托代理理论中，要评估供需双方采用内部或外部组织形式的相对优势，选择是基于结果还是基于行为的有效合同治理，代理成本是一个很好的架构。评估与选择的过程也是权衡的过程，所权衡的两个方面包括：监控代理商行为以获取必需的信息所支出的成本高低；测量结果和转移风险给代理商所支出的成本高低（Eisenhardt，1989；Rungtusanatham et al.，2007）。

在代理关系中，Eisenhardt（1989）提出与理论相关的决定代理成本的五大情境因素：任务的测量性和程序性、风险态度、结果不确定性、关系长度。其中与风险分担问题相关的因素有供需方的风险态度不同及结果不确定性，这些因素影响着风险转移的成本。在结果不确定性所造成的风险分担过程中，供方作为代理方如风险厌恶程度较高，则把风险转移给供方的成本越高，需方作为委托方如果同样属于风险厌恶型，则愿意花费更高的成本把风险转移给供方。显然，结果的不确定性是通过供需方的风险态度不同对代理成本发挥影响。经由对风险转移成本的影响，供需方风险态度的不同和结果的不确定性导致了在合作中分担风险时不一致的行为和目标，风险分担问题进而导致代理问题出现（Eisenhardt，1989）。因此，毋宁说是供需方风险态度不同和结果不确定性通过代理成本的不同决定着是基于结果还是基于行为的合同治理方式，不如说是通过选择合适的合同治理方式来解决因分担合作中的不确定性风险所导致的代理问题。

在影响代理成本中的五大情景因素中，关系长度则是一种关系型专用资产，双方原有关系越长，意味着双方越了解，沟通越顺畅，冲突和信息不对称越少。这种合作经验赋予了双方关系一种信任、开放、信赖的气氛，这使委托方更能便利地评估代理方的行为，因此监控成本降低（Holcomb et al.，2007；Eisenhardt，1989）。该因素与目标一致性、信息对称性因素共同属于供需双方之间的代理关系内容。

测量性与程序性是任务的两大客观属性，与代理方所供应的产品与服务类型息息相关（Eisenhardt，1989）。测量性指执行任务所得到的结果是否容易测量。当任务有多个维度的绩效，绩效维度之间具有冲突性，其中包括非量化的绩效，也就是"软结果"，绩效评估标准是模糊的，含有主观性成分，则测量性较低（Latham et al.，1975）。任务测量性程度较低意味着要想准确地测量绩效结果，必须花费大量的测量成本（Eisenhardt，1989）。而程序性则指交易能否被合作各方理解并经常重复。当服务过程定制化以及提供创新性服务时，服务融入了大量知识资本，意味着供需双方在未经过高密度沟通和协商之前，交易无法被双方理解，此时要想指明代理方的行为是否合适，就必须花费大量的监控成本（Eisenhardt，1989）。因此，委托方必须关注的两个交易属性即监控成本和测量成本，其直接决定因素就在于任务的客观属性：程序性和测量性，也就是说，委托方要提高交易效率，必须考虑任务属性的不同，从而采取不同的治理方式，才能在有效降低代理关系风险的基础上，控制代理成本（Ouchi，1979；Eisenhardt，1989）。

如果缔结合同双方缺乏目标一致性的话，以上五大情景因素的影响是相互混合的，影响着供需双方采取基于行为的还是基于结果的合同方式（Cheon et al.，1995）。但综合起来，供需方的风险态度与结果不确定性通过风险分担问题影响着代理问题发生的可能性，而关系长度则直接影响着代理问题发生的可能性。要有效解决这种代理关系问题，必须采取相应的正式或非正式的治理和控制机制，在此过程中，任务的测量性和程序性两大客观属性则通过代理成本的不同影响着正式或非正式控制发挥其降低风险的效用。正如 Poppo 等（2008）指出的一样，如果任务的测量性较低，代理方可能会利用这种不对称的信息来权衡被抓住的成本和采取不合作行为的收益，因此导致治理方式与绩效间的关系发生改变。

4.2　代理理论的应用

根据以上代理理论在组织研究方面的发展，代理理论适合于分析独立合同关系的治理。表 4-2 通过三种理论对比指出了代理理论视角下需要关注的供需方冲突问题，主要是达成合适的合同和营造适当的关系，作为评估供应链与外包关系过程中的一个步骤，与资源基础观和交易成本理论所关注的资源稀缺性和资产专用性相比，这个步骤无疑是关键性的。与交易成本理论用于分析企业什么时候和怎么实现垂直一体化问题不同，代理理论对于理解保持独立的合同双方关系非常有价值（Lassar et al.，1996）。代理理论所关注的核心就是选择最有效的合同治理方式，即基于行为的或基于结果的合同治理方式，以及治理委托方和代理方的关系（Eisenhardt，1988）。因此当企业决定以外包而不是垂直一体化的形式获取所需资源时，代理理论用于分析其在独立合同关系状况下的治理结构和控制模式是再为适合不过的。而从非主流视角—代理理论来看，供应链与外包中需方与供方的行为特征正如委托方与代理方一样，供应链与外包关系实际上也是一种代理关系。

表 4-2　三种理论的对比

	资源基础观	交易成本学	代理理论
需方需求	核心能力	服务促进、成本节约	第三方咨询、测量
供需冲突	资源稀缺性、资源价值	资产专用性、投资不确定性	基于结果和行为的合同，目标和价值的统一、信息获取
供方需求	用现有资源集中核心能力	服务促进、规模经济、范围经济、服务集、利润	第三方咨询、测量培育声誉

来源：Logan，2000

4.2.1　前因变量研究

代理理论为研究供应链中供方与需方之间的最优组织形式提供了一个很好的架构（Cheon et al.，1995）。但是随着 Eisenhardt（1989）对代理理论应用于组织研究的应用后，尽管国内外也掀起了一股以代理理论为基本理论研究组织的潮流，但由于代理理论前因变量的繁杂性，许多研究采取数学模型以众多的假设进行，成为委托代理模型。而委托代理模型的假设众多，但这只处于古典契约经济学的理想状态，在现实世界中是较难实现的。实证代理理论虽然致力于研究采取合适的治理机制以控制代理方的机会主义，但却因假设委托方对双方关系没有贡献而被经济学家们大为诟病（Jensen，1983）。在应用代理理论这两种学派的研究文献中，多以表 4-3 中的代理变量为主。

表 4-3　代理变量之间的线性模型

代理变量		行为控制更有效	结果控制更有效
监控和测量	信息系统（监控能力）	高	低
	任务的程序性	高	低
	任务的测量性	低	高
关系	目标冲突	低	高
	关系长度	长	短
	信息不对称	低	高

代理变量		行为控制更有效	结果控制更有效
风险	供方风险厌恶	高	低
	需方风险厌恶	低	高
	结果不确定性	高	低

来源：Eisenhardt，1989；Lassar and Kerr，1996；Zu and Kayanak，2012

目标冲突：在代理理论中目标冲突问题的解决是靠激励的作用把代理方的目标与委托方的目标校准一致，因此基于结果的合同治理方式由于强调和突出要实现的目标，而在校准双方目标方面起着重要作用，从而能有效降低代理方的机会主义行为（Eisenhardt，1988）。Jensen 和 Meckling（1976）就通过研究增加管理层的公司所有权来控制其机会主义行为对这一命题在公司内部层面上进行了诠释。

任务的测量性：测量的重要性在代理理论中得到了广泛关注，而这些则在交易成本理论中一直被忽视。在供应链与外包这种准市场的治理结构中，有效的结果测量，意味着可以采取有效的报酬制度，从而获得成功。因此，如果不能很好地评估供应商服务的结果，意味着精确的合同也很难达成。Poppo 和 Zenger（1998）通过实证研究发现如果需方不能对供方活动的结果进行合理测量时，其对成本的满意度是最低的。Ouchi（1979）在提出控制理论的同时，以测量性和程序性作为两个独立的维度，交叉匹配设计不同的管理控制系统。

信息不对称、信息系统和任务的程序性：当信息对称性程度较高时，代理方基于其行为容易被委托方掌控的考虑，采取机会主义的可能性降低，而需方则能便利地评估代理方行为，使监控成本降低。在代理理论中，信息具有商品属性，也就是信息可以购买，获取信息需要花费成本，因此，委托方建立正式和非正式的信息控制系统获取信息用以控制代理方的机会主义行为（Eisenhardt，1989）。例如绪论中所例证的物流服务外包成功案例中作为委托方的物流外包方建立的物流跟踪系统就是一种正式信息系统，而非正式信息系统有物流专业监管人员的设置等。Sharma（1997）在考虑到需方是否预先了解供方提供服务知识的基础上，将代理理论中的信息不对称扩充为知识不对称，即需方不仅仅不知道供方在做什么，而且还不知道供方是怎么做的。这其中就包含了信息不对称和任务的程序性较低的问题。由于知识的专业化和动态性，对于大量融入知识资本的服务来说，其执行生产与供应服务的程序性较低，购买信息并不会缩减知识的不对称性（Larson，1977），因此信息的不对称性可以通过购买信息而缩减，但程序性较低的问题则只有通过设计合适的管理控制系统以缩减知识的不对称性来解决，同时通过合理的控制手段鼓励信息拥有者的分享行为，缩减信息的不对称。当任务的程序性较高时，由于行为易于观测，就不需要花费成本获取大量信息，而当任务的程序性较低时，构建信息控制系统获取信息、分享知识以缩减知识不对称和采取结果控制都是可以选择的能够有效降低代理关系风险的应对措施（Eisenhardt，1988）。

关系长度：关系长度也是一种重要的关系型专用资产（Levihthal Myatt，1994），意味着因选择与不同合作时间的代理方建立代理关系所带来的代理关系风险的不同，也是一种通过关系持续而发出的承诺。

结果不确定性与供需方风险厌恶：结果不确定性因素加大了供方的脆弱性，信息不对称因素加大了需方的脆弱性，影响着风险分担问题（Whipple 和 Roh，2010）。风险态度的不同同样影响着风险分担问题（Eisenhardt，1989）。结果不确定性可以通过采取复杂的控制结构和采用相应的标准来消除，这种机制虽然可以控制机会主义，但无疑会增加交易成本（Cheon et al.，1995）。Govindarajan 和 Fisher（1990）则认为任务程序性程度高，委托方能够预先指明代理方采取的合适行为，代理方所承担任务有标准流程和详细化描述，其定制化、复杂化和变动化都不高，因此，代理方合适的行为基本能够产生合适的结果，代理方所面对的结果不确定性风险也比较低，基本上把任务的程序性与结果不确定性同等看待。

4.2.2 治理机制研究

综合以上文献分析，代理理论的应用需要在上述九大代理变量的影响下，评估代理成本，供需双方必须致力于协调目标和价值观，设计基于行为或结果的合同，并根据可获得的信息达成合同，而且确立要用的测量标准（Logan，2000）。即：在代理理论中，放开对目标冲突、信息不对称的假设，基于五大情景因素的综合影响，买卖双方达成基于行为或基于结果的合同治理方式（Zu et al.，2012）。基于行为的合同方式是指需方根据供方是否采取了合适的行为而进行支付的合同方式，相应地委托方就需要设置一定的机制来监控代理方的行为，以保证代理方按合同规定采取合适的行为，并对代理方偏离合同规定行为进行处罚。由于监督机制的设立需要投入大量成本，这种合同治理方式尽管可以降低信息不对称性，但成本与信息之间的矛盾需要进行有效平衡（Sharma，1997）。基于结果的合同方式则是指需方根据供方是否能够提供合适的结果而进行支付的合同方式，相应地委托方就需要测量代理方的绩效是否达到合同预期，然而结果不确定性意味着结果只是部分来自代理方的努力，政策、技术环境变化等因素都会导致结果的变异，因此在测量代理方的绩效时，还需要把那些不是由于代理方的努力而是环境影响的结果摘除出去，这就需要投入一定成本，因此基于结果的合同方式导致了结果测量与测量成本的矛盾（Sharma，1997）。尽管大多数研究都把合同方式作为一个两分选择，但实际上从行为到结果的合同方式是一个连续集，同一个合同内有基于行为进行支付的内容，也有基于结果支付的内容（Eisenhardt，1989）。

除此以外，在某些情况下，委托方可能会促使代理方投入一些消耗性资源来保证其不会采取伤害委托方利益的行动，这些消耗性资源即由代理方承担的契约成本，代理方投入契约成本的作用就是使委托方相信其承诺，在这一点上与投入专用资产的作用相同（Jensen et al.，1976；Sharma，1997）。同时，代理方投入的消耗性资源也就是专用资产也能产生一种锁定效应，即一旦代理方采取机会主义行为被委托方发现而中止交易，所投入的专用资产无法挪作他用，就成为沉没成本，因此，代理方基于所投入的专用资产考虑采取机会主义行为的可能性也会下降。当委托方既无力支付监控成本以限制代理方不合适的行为，也无法建立有效的激励，此时，第三方咨询机构的作用开始凸显，例如一些标准评判机构（Fama，1980；Logan，2000）。也就是在面对供需方冲突时，如果测量与监控不能解决问题，则需要寻求第三方咨询机构和社会声誉的解决力量（Cheon et al.，1995；Logan，2000）。第三方咨询机构的作用在于把代理方处于一个社会与经济关系的网络之中，这会导致代理方不再持有单纯的自利动机，而是一种混合的以利己为主、以利他为辅的复杂性动机（Dingwall，1983）。当代理方处于关系规范的治理之中时，会基于获得与保持社会声誉的需要而降低采取机会主义行为的动机。

综上所述，要避免代理问题的发生，委托方可采取的治理机制包括基于行为的合同治理、基于结果的合同治理、关系规范治理以及基于代理方投入契约成本的治理。

4.2.3　供应链风险研究

代理理论的起源就在于处理经济风险分析方面的工作（Arrow，1985；Wilson，1968）。但是在供应链与外包风险管理研究领域内，却只有很少的学者应用代理理论开展研究（Fayezi et al.，2012）。其中 Zsidisin 和 Ellram（2003）尽管关注到了代理理论为研究风险控制的采用提供了良好的架构，但仍然以有形产品的外包为对象集中于供应风险的研究。Halldo′rsson and Skjott-Larsen（2006）则通过代理理论与交易成本学两个互补理论讨论了合同与关系治理对降低风险的补充性。Ritchie（2008）基于代理理论提供了一个供应链风险管理的包括风险与绩效的全面架构。Norman（2008）则基于代理理论扩展了激励作为风险共担和利益共享机制在管理实践中的应用，而 Whipple and Roh（2010）则以结果不确定性和结果不可测量性为两个独立二维变量构建了在不同情景下采取不同合同形式以降低供应链脆弱性的二维模型。综合他们基于代理理论对供应链中不同类型的代理关系研究，这些学者除 Zsidisin and Ellram（2003）几乎无一例外均采取了案例研究方法，关注了这种代理关系中的一些特定风险。总而言之，代理过程中的特定风险主要来源于组织之间目标不一致和信息不对称而产生的逆向选择和道德危机，是一种与合作不确定性有关的关系型特定风险。因此，采用代理理论视角进一步探索研究这种特定风险，在风险控制选择与组合策略上一定能有不同的发现。

总结以上代理理论应用于供应链与外包关系的研究文献，如表4-4 所示。

表4-4　代理理论应用于供应链与外包关系的研究总结

作者	理论分支	研究方法	研究对象	代理变量	因变量	结果
Poppo and Zenger，1998	委托代理	实证分析	信息服务	测量性	自制还是外包	部分支持
Sharma，1997	委托代理	文献分析	职业服务人员	社区、客户、层级、自我控制	机会主义	支持
Zsidisin and Ellram，2003	委托代理	实证分析	采购专业人员	供应风险	缓冲与行为管理	支持
Starbird，2005	委托代理	数学建模	食品	道德风险、样本抽检	食品安全	支持
Ketchen et al.，2007	代理理论	理论对比	供应链	管理控制机制	机会主义	支持
Halldo'rsson and Skjott-Larsen，2006	实证代理	单案例分析	快速消费品物流	目标冲突、风险偏好、关系长度、	合同动态性	支持
Goodale et al.，2007	委托代理	实证分析	职业服务公司	测量性、程序性，公司、职业因素	报酬机制	支持

续表

作者	理论分支	研究方法	研究对象	代理变量	因变量	结果
Ritchie et al.，2008	实证代理	纵向案例分析	制造	无	风险与绩效	支持
Norrm，2008	实证代理	多案例分析	高科技企业	合同与关系治理，激励、信息不对称	风险分担	支持
Hypko et al.，2010	委托代理	文献分析	机械设备	风险厌恶、激励、校准目标等	结果合同	支持
Whipple and Roh，2010	实证代理	理论分析	运输	结果不确定、结果测量性	结果合同行为合同	支持
Ciliberti et al.，2011	实证代理	案例分析	供应链中的 SME	行为准则	道德风险逆向选择	支持
Fayezi et al.，2012	代理理论	理论综述	供应链	代理变量	行为或结果合同	支持

来源：根据文献整理

第5章 代理关系风险与任务复杂度

从不同角度、不同研究方向对供应链风险进行划分，就会有不同类型的供应链风险。而从当前对供应链与外包风险管理的研究来看，其中一个主流就是对供应链特定风险的研究，主要体现在关系风险、供应与需求风险、信息风险、道德风险、合作风险、财务风险等研究方面。国内研究供应链风险的很多，但大都局限在单一企业同样需要面对的内外部环境风险（马丽娜，2011），即使在供应链视角下研究外包风险，也集中在供应风险、需求风险和政策风险（Christopher et al.，2004），而针对全球供应链尤其是服务供应链视角下的关系风险研究则较少。在国外，很多研究也都基于供应链与外包风险中供应与需求风险的规避与控制，却很少触及关系风险的规避与控制（Das et al.，2001A）。基于前述对全球供应链风险的分析，从四类供应链风险来源分类中可以发现关系风险的研究确实最为欠缺。在诸多针对供应链管理的基本理论中，代理理论特别适合于研究供应链这种独立合同关系，同时也适合于供应链风险管理研究，尤其适合于关系风险研究。

此外，任务复杂度则关系着产品或服务传递任务属性中的测量性与程序性，是代理理论研究中的关键代理变量，影响着关系风险程度，同时也影响着关系风险控制模式的组合与选取。因此本章以代理关系风险为核心，结合对任务复杂度的研究述评以发现任务复杂度对代理关系风险控制的影响作用。

5.1 代理关系风险

5.1.1 代理关系风险的定义

关于关系风险的研究，最经典的莫过于 Das 和 Teng（1996）基于战略联盟的论断，即风险可以分为两个独立且同等重要的类型：关系风险和绩效风险。绩效风险指那些即使供需两方完全合作仍然无法取得供应链战略目标的风险，相对应的关系风险则指那些供需两方不能完全合作、致力于共同努力的可能性和后果。之后 Das 和 Teng（1999，2001A，2001B，2001C）和 Delerue（2005）继续针对关系风险进行了一些概念性和实证研究，把关系风险细分为与合作有关的风险和与伙伴行为有关的风险两类。与合作有关的风险由企业关系间的混乱导致的，而与伙伴行为有关的风险又与机会主义行为的可能性有关。机会主义行为被定义为带有欺诈含义的自利（Williamson，1975）。机会主义行为偏离了对合作的显性或隐性承诺，而且是一种欺骗性偏离。因此当双方目标不一致时，企业会采取机会主义行为，以获取自己的目标而背离合作目标。

此外，关系风险是缺乏合作所导致的风险，也是合作风险。Gefen 和 Wyss（2008）基于代理理论、信任理论和不完全契约理论，针对银行业的软件开发外包提出了供需关系风险，并考虑到合同选择和设定对降低风险的作用，相应地把需方认知的供需关系风险区分为签订合同前的逆向选择风险和签订合同后的道德风险，通过实证分析得出商业熟悉度的提高能够增加双方的了解，从而降低逆向选择风险，增加双方对未来行为的潜在信任，进而降低道德风险，因此商业熟悉度的提高意味着更高的合同价格、更低的惩罚以及基于结果的合同选择。其中，Gefen 和 Wyss（2008）对关系风险的分类及定义，就是在自利和机会主义的假设下，当合作各方的目标相对冲突，合作者更倾向于追求自身的利益，而不是合作的共同利益，在另一合作方对合作任务缺乏相关信息时，合作者就有动机和机会以牺牲其合作伙伴的利益或整个合作利益为代价来获取自己的利益，从而对合作伙伴或供需关系造成负面影响。Cheng and Chen（2016）则把关系风险定义为非最佳合作的可能性和结果，威胁到双方关系的持续性。

因此，总的来说，关系风险指买卖双方关系中因合作问题或机会主义行为问题而导致的不完全致力于共同努力（Jia et al.，2010）。总结关系风险的各种定义，并将其延伸到供应链与外包领域，代理关系风险就是从代理理论视角来看的一种供应链关系型特定风险，也就是选择特定代理方建立代理关系后委托方面对的关系风险。根据代理理论，在供应链中的代理关系中，道德风险是要解决的核心代理问题，而道德风险指代理方事后隐藏信息或隐藏行动，对委托方指派的工作缺乏合作和努力，或者采取机会主义行为，为了获取自身最大利益而伤害合作利益。因此，供应链中的代理关系风险即委托方所面对代理方发生道德风险问题的可能性（Eisenhardt，1989），指的是代理方未来行为的不确定性。

之所以 Das 和 Teng（1996）的研究成为关系风险与绩效风险分类及定义

的经典文献，是因为近年来有关关系风险的文献研究基本上沿袭了上述定义（Delerue，2005；Jia et al.，2010；Liu et al.，2011；Ibrahim et al.，2011；Remondino et al.，2011；Bazyar 等，2013）。Jia 和 Zsidisin（2014）针对全球企业在中国采购面临的供应关系风险仍然采用了此定义。基于此定义，不同的学者针对关系风险的前因与结果变量进行了研究。

Das 和 Teng（1999）运用资源基础观和风险理论分别基于寻求的是知识资源还是财产资源，以及面对的是关系风险还是绩效风险，提出了四种战略导向：控制、柔性、安全性和产能。在伙伴选择、结构设定、运营与绩效评估不同阶段有不同的核心风险，其相应的应对措施分别是匹配、柔性、合作与规划。

Das 和 Teng（2001A）通过概念研究提出了八个命题，分析了行为控制、结果控制和社会控制与能力信任和商誉信任以及关系风险和绩效风险的交叉关系，指出要降低关系风险需要采取行为控制、商誉信任和社会控制，要降低绩效风险需采取结果控制、能力信任和社会控制，因此在不同类型的战略联盟中要采取不同的基于信任的手段和控制机制以降低各阶段不同的核心风险。

Das 和 Teng（2001B）通过概念研究遵循风险认知前因、关系风险和绩效风险、风险认知以及结构选择的研究主线提出了风险种类对于联盟结构选择的影响，并以关系风险与绩效风险的高低为两个维度，得出在不同的风险类型交叉影响下有不同的联盟结构选择：基于单边协议或双边协议，是完全拥有股权还是只拥有少量股权。Das 和 Teng（2001C）把关系风险局限为合作伙伴机会主义行为所导致的风险，开发了认知型关系风险的测量工具，认为关系风险的认知与个人年龄、信任特性有关。

Delerue（2005）认为由于合作伙伴未来行为的不确定性，以及无法保证合作，供需双方存在关系风险。基于关系资本、关系结构和信息不对称这三种情境因素，通过访谈实证研究提出非正式情因素比正式情景因素对关系风险的影响更大。

Ibrahim 和 Nicolaou（2011）基于能力信任和商誉信任两种信任类型以及关系风险和绩效风险两种风险类型验证了组织间数据交换关系中贸易伙伴熟悉度的作用，利用实验模拟研究法发现伙伴熟悉度对两种信任类型有正向影响，对两种风险有负向影响。

Liu 等（2011）利用数据实证研究法针对制造企业验证了供应链控制、信任与供应链关系风险的作用，研究发现供应链控制能够有效抑止机会主义，信任也在其中起了重要作用。

Remondino 等（2011）通过基于代理方的数学仿真发现为了规避关系风

险，需要降低沟通复杂性、权利和影响中心化以及提高效率关注度。

Bazyar 等（2013）通过一手数据的结构方程统计分析法对新产品开发中的合作关系进行了调查分析，发现关系风险负向影响信任和双边控制，正向影响单边控制，信任与双边控制促进绩效的提高，而单边控制则抑制了绩效的获取，同时发现治理模式对绩效有门槛效应。

Cheng 等（2013）把关系风险细分为机会主义行为、机能失调的冲突、缺乏学习以及能力缺失四个类型，这四种类型都使企业在合作关系中采取机会主义行为威胁到双方合作，并通过一手数据的实证研究方法发现关系专用型资产所带来的关系收益，可以降低关系风险，促进信息分享。

5.1.2　关系风险的特征与来源

通过总结学者们对代理关系风险的分析，根据代理关系风险的定义，代理关系风险表现出如下特征。

1. 传递性。不管何种类型的供应链风险普遍具有传递性的特征。针对供应链与外包中的代理关系风险来说，首先由于外包是供应链中的一部分或者说是一对代理关系，这一部分或这一对代理关系中的委托方可能是另一部分或另一对代理关系的代理方，因此委托方所面临的代理关系风险可能会沿着供应链进行从上游到下游的传递，其次供应链网络的交叉性，使绝大多数的企业置身于错综复杂的网络关系中，这一网络关系中企业之间的绩效互相影响，并最终影响整个供应链的绩效。

2. 短视性。代理关系风险是由代理方的不合作、缺乏努力、机会主义行为造成的，这种不合作行为实际上是利己主义的短视表现，也就是看不到与合作伙伴保持长期合作关系所能获取的未来的收益，而只关注当前自己能否获取收益，甚至是在没有看到的收益时，采取不努力的行为来获取自利的满足。

3. 违约性。无论外包契约是书面正式契约，还是没有明确规定的非正式契约，代理方的不合作行为在形式上是与契约的合作性要求不相符的。

4. 不可逆性。尽管关于外包风险的定义采用的是管理范畴内有关负面影响的论断，但不可否认，辩证地看待不确定性，不确定性在带来潜在的威胁的同时，还带来潜在的机会，带来更多的收益，但代理关系风险虽然也是一种不确定性，却是指代理方为一己私利采取机会主义行为的不确定性，会导致合作利益和委托方利益的受损。因此，风险产生的后果的性质不可改变，其影响具有不可逆性。

代理关系风险，就是在合作过程中发生道德风险这种代理问题的不确定性，其来源从代理理论来分析是非常清楚的。道德风险来源于目标冲突和信息不对称，因此代理关系风险滋生的原因如下。

1. 目标冲突：对于道德风险的滋生，究其根源，仍然在于目标冲突。对于合作的两个独立利益主体，基于自利主义假设，双方总是在追求自身利益最大化的基础上来实现合作利益的最大化，也就是要实现合作利益，其前提必须是个体利益的最大化。而在代理关系中，发包方寻求更高成本收益比的服务，而接包方则寻求更高的毛利率。当双方效用需求发生冲突时，比如发包方希望的发包价格低于接包方所希望的毛利率，显然就会存在目标冲突，代理方就有可能偏离委托方的利益。目标冲突包括以上这些，但不仅限于这些，价值观的差异、战略的匹配与否等都会造成目标冲突，加大供应链风险。因此，目标冲突是两个独立的利益主体基于自利主义寻求自身利益最大化过程中的一种组织状态，指的是供需双方无法就实现同一目标而获取各自最大利益。目标冲突的反面是目标一致，目标一致就是代理方合作的意愿，因此目标一致代表着合同条文使代理方满意的能力（Rossetti et al.，2008）。目标的完全一致对于两个不同的利益主体来说是一种理想状态，在现实中是不可能存在的。只能说当目标一致性程度较高时，会加强合同双方的合作，提升合作伙伴的共同利益，减少机会主义的可能性（Holcomb et al.，2007）。

2. 信息不对称：新古典经济学在分析经济问题时，为便于寻找规律，假设市场参与者可以获得完全信息，这在现实中是不可能存在的。由于环境的异质性和不确定性，人类的有限理性，合作行为参与者对特定信息的拥有不可能保持一样，因此客观上存在信息不对称。而委托代理关系中的信息不对称指代理方相对于委托方具有天然的信息优势，造成了力量的不平衡。这种信息优势在于一方对交易关系比另一方更为了解（Heide，2003）。从而代理方可能利用这种信息不对称，隐藏信息或行动，采取机会主义行为，道德风险发生。

综上所述，目标冲突和信息不对称是道德风险发生的两个核心来源（Eisenhardt，1989），也是代理关系风险的两个驱动因素。

5.2　产品与服务属性

5.2.1　产品与服务融合

单纯的实物产品基于其有形性，属性相对容易分析，管理也相对容易把握，但服务却不同。

服务是个人或社会组织为了满足最终消费者或企业客户某种特定需求，直接或凭借某种工具所做的工作或进行的一种经济活动，是以活动形式表现的使用价值或效用。服务的生产可能与有形物质产品的制造和提供结合在一起，也可能单纯以无形产品的形式存在。无论以何种形式存在，服务都是一种增加价值的过程。Lovelock（1991）强调服务是行为、过程和结果，与有形产品所表现出的物质性不同，服务是看不见摸不着的。因此服务指的是无形的产品，具有一定的时间空间限制，有时需要依附于有形的产品，比如物流服务就需要与有形产品集成时才能得以体现，通过把有形产品在需要的时间运送到需要的地点，发挥有形产品的时间效用和空间效用而创造价值。因此服务的定义就是通过行为、流程等对专业知识和专业技术加以运用，从而为其他企业或自身创造价值（Vargo et al.，2004）。

根据以上定义，服务的特征主要体现在无形性、不可分割性、不可存储性以及异质性（Zeithaml et al.，1985）。

1. 无形性：表现为服务的不可触摸性和抽象性。服务通常不具备非常具体的实物形态，在很多情况下都不能触摸和用肉眼看到，在被购买之前无法像有形产品一样被消费者看到、尝到或感知到。

2. 不可分割性：指的是服务过程无法在空间与时间上分开，也就是既不能在不同空间接受同一时间生产的服务，也不能将不同时间生产的服务在同一空间供应。与实物产品不一样，服务生产和消费过程的不可分割性指服务产品在生产和消费之间并不需要经过其他环节，客户不仅是服务的消费者还是服务的共同创造者。

3. 不可存储性：服务产品无法储存、容易消逝。

4. 异质性：同一服务针对不同客户会产生不同效果，受时间、地点、人员的影响很大，同时具有顾客影响性，在生产和传递过程中可能受到顾客的影响而改变性质。

服务的接受者来源多种多样，既可以是最终消费者，也可以是采购方、使用者、第三方或其他受益者。以满足消费者个人需求为目的的服务为消费性服务，以满足生产性企业需求为目的的服务为生产性服务。生产性服务不能直接用于消费，也不能直接产生效用，它只能起到中间连接的作用，用来生产其他的产品或服务。因此生产性服务作为一种中间投入，也是生产性资源集合（Penrose，1995）中的一种。随着生产性服务业的快速发展，服务更多地融入了知识和智慧的结果，使以上四项特征更加明显地得以体现。

生产性服务有时必须与有形的物质产品结合在一起，以物质产品的流动与存储作为服务生产与交付的前提，依附于产品供应链，或者附加有物质产品的流动与存储，因此生产性服务具有综合性。其中服务与物质产品之间具有统一性，成为不可分离的结合体（宋华、刘林艳，2012）。

基于此，由于服务的融入，原来单纯的物质产品复杂化，而不同程度、不同类型的服务融入，则使产品与服务的结合体呈现多种类型，具有不同的特征，由此也导致传递这种复杂结合体的工作任务具有不同的属性，以下将这种产品与服务的复杂结合体简称为产品。

5.2.2 产品类型

正如产品具有多元性一样，时代的发展使生产性服务产业出现传统服务供应与高端服务供应并存的现象。例如物流服务产品，具体表现在从传统的单个物流功能供应到整合物流服务提供，也就是所谓的 3PL（第三方物流），进一步发展为供应链设计与管理的供应，也就是所谓的 4PL（第四方物流）。这些物流服务都可能在同一供应链中共同出现。

根据骆温平（2012）对物流服务的分类，向有形产品和其他服务延伸，同样可以区分如下。

1. 基础产品：以低技术含量的低端有形产品为基础，附加单一的基本服务、由单一服务延伸出来的增值服务以及对单一服务进行整合的一体化服务。

2. 高端产品：包括高技术含量的高端产品以及一体化解决方案的设计、规划、协助运行，需要有强大的关系管理能力和信息处理能力，需要大量的专业知识技术。

不同类型与属性的产品是在社会化分工的基础上形成的，是不同的供应链成员分工不同的体现，也是基于获取资源和交易成本权衡的基础上产生的。产品以多种资源形态存在，其中，是以服务为主，附加有形产品，还是以有形产品为主，附加服务，是由服务所占的比重或者服务作为一种资源的重要性而决定的。因此产品的多种资源形态，进而表现为不同的产品类型。

　　从服务的角度来说，资源可能是有形产品的附加价值，是物质和有形要素，也可能是企业的核心能力或者是组织的流程，是知识和智慧的凝聚；可能是静态和有限的，也可能是动态和无限的；可能以满足既定的需求和期望为目的，也可能具有前摄性、能动性的特点。同理，基础产品以满足即定的需求为目的，主要在成本层面上发挥作用，而高端产品则旨在发掘客户的潜在需求，通过知识的运用而主要在创新与持续改进层面上发挥作用，以支持供应链的整体运作而产生更大的价值，基础产品和高端产品的区别如表 5-1 所示。

表 5-1 基础产品与高端产品的区别

	高端产品	基础产品
特征	广泛的专业知识 应用先进技术的能力 供应链各方的协调 创新与持续改进能力	传统的服务、低端产品 着重于降低成本 追求运作的及时性 与传统相关的环节服务
供需关系	基于共同的核心价值/风险分享 结盟和信任/长期合作合资	合同关系/固定与可变成本 交易型导向/短期合作
供需互动	密切	一般
异质性	强	弱
测量性	绩效模糊/低	绩效清晰/高
程序性	生产定制化/低	生产标准化/高

来自：Veronica and Marko, 2010

　　显然，根据体现形式的不同，基础产品和高端产品并不是截然分开的两个阵营，尽管我们根据知识资本投入的多少，取两个极端进行了分类，但不可否认，从基础到高端是一个连续变化的集合，其中有形产品的作用逐渐淡化，无形智慧和知识的作用逐渐增加，供应链合作对于客户所体现的价值在增加。Oliva 和 Kallenberg（2003）提出的"产品—服务连续集"概念能为我们理解不同资源类型的变化，尤其是不同类型的服务提供基础。"产品—服务连续集"，从营销意义上讲即企业从只提供产品，把服务作为一种添加物，再到将服务作为企业创造价值的主要部分，而把产品作为添加物，这种转变不是一种跳跃，而是一个连续发展的过程。然而，从资源的角度来讲，企业竞争所需求的资源就处于这个连续集中的某一部分，区别在于服务的比重和所体现的价值不同。企业可以在服务所带来的价值中寻求独特的机会，获取竞争优势（Gebauer et al.，2008），因此服务所带来的价值不同，供需双方所构建的关系就不同。从基础产品到高级产品变化的连续集中，所涉及的供需双方互动的程度也有所不同（Veronica et al.，2010）。随着服务价值的增加，这种互动从少到多呈金字塔型。随着互动的增加，服务的异质性更强，甚至会在生产与传递过程中发生性质的改变。在这种连续集中，服务类型不断变化，从提供外围服务，仅仅起支持作用，到一体化服务，与客户建立密切关系，服务的生产战略也从标准化生产到定制化生产（Gilmore et al.，1997），传递的产品不仅含有更多数量的服务，而且含有更多智慧和知识，因此交付的结果越来越多的是价值、关系、柔性等"软结果"，任务的测量性和程序性也从高到低。以上这种创造价值的主体不同，智慧和知识资本投入的多少，标准化与定制化生产的不同都直接决定了产品的多态性，使不同类型的产品呈现出不同的任务属性。

5.3　任务复杂度

根据代理理论中有关代理成本的综述，委托方所承担的代理成本主要决定于任务的客观属性：测量性与程序性。测量性决定了结果测量成本的高低，而程序性则决定了行为监控成本的高低。任务的测量性和程序性，与代理方所供应的产品与服务类型息息相关（Eisenhardt，1989）。

服务普遍具有非物质性特点，看不见摸不着。当服务供应链与产品供应链不可分割时，从供应链视角来看这也造成了供应产品或服务这一任务的复杂性。即便如此，随着服务化进程的加速，服务逐渐从基础服务向高端服务发

展，此时，一体化物流服务、供应链一体化服务、供应商管理库存服务、人力
资源一体化设计、物业设计等新的服务模式开始出现。总的来说，少至租赁仓
库，采购运输服务，物流信息系统或售后服务，多至外包整体物流或物业解决
方案，甚至吸纳接包企业进入自己的供应链系统中提供供应链一体化服务，可
以说服务形态千差万别。服务的多态性，表现在创造价值的主体从有形产品到
无形服务的变化，智慧和知识资本投入的不同，从标准化到定制化生产战略的
不同，以及从"硬结果"到"软结果"的不同，使产品或服务呈现出不同的
测量性与程序性，决定了执行任务的复杂程度不同。

5.3.1 任务复杂度的定义

任务指的是个体或企业在把输入转换成输出过程中所需要采取的行动，因
此如果从输入到输出的过程不易定义或描述，以及无法确定是否转换成正确的
输出，则执行任务的复杂程度较高。任务的复杂度有多种定义，有关于知识的
定义（Tan et al.，1999），也有关于信息的定义（Terborg and Miller，1978），也
有纯粹关于结果的定义（Latham et al.，1975），但得到广泛应用的还是与任务
的客观属性相关的定义，显然，这种定义更为客观（Campbell，1988）。根据任
务复杂度的客观定义，可以区分为四个方面（Campbell，1988）。

1. 多元路径

要实现同一结果，可采取的方法和路径并不局限于一种，这大大增加了信
息负荷，使得通往结果的过程难以把握。此外，在达到目标的多种路径中，还
需要寻找最优路径。这两个方面都大大提高了任务复杂度（Terborg et al.，
1978），反之，当只有一种方式达到目标时，其过程是易于描述和定义的，任
务复杂度不高。

2. 多元结果

当需要关注多个结果才能完成任务时，每个结果都需要一定的信息处理，
任务的复杂度也会上升。也就是当任务有多个维度的绩效，其中包括非量化的
绩效，则任务复杂度上升。任务复杂度来源于要确定哪种绩效是最优的，而由
于模糊的评估标准或绩效维度之间的冲突性，这种确定的过程本身就是不明确
的。如上所述，Latham 和 Yukl（1975）就注重于任务复杂度的这种结果方面。

3. 通往不同结果的路径之间互相冲突的依存关系

当多个所希望的结果之间存在负向的关系，也就是一种结果与另一种结果
相互冲突，任务的复杂度就会上升。Campbell（1984）就把复杂度定义为要满

足相关甚至相互冲突的任务的各元素的需求。这种相互冲突的任务需求会导致绩效评判的冲突，甚至是任务流程的混乱。

4. 路径与结果之间的多元联系

当路径与结果之间有多种联系，也就是同一活动有可能会导致多种不同的结果，或通过不同的活动获得了同一种结果，都会导致任务复杂度的上升，March 和 Simon（1958）指出，这种联系的多路径化可能会导致难以评估的结果，甚至可能无法确定适宜的行动，以达到需要的结果。

综合以上四个方面，任务的客观属性、测量性和程序性决定着任务复杂度的高低。当一项任务需要花费较长时间完成，涉及团队协作或存在"软结果"难以客观评估时，结果难以被准确地测量（Bergen et al.，1992）。而程序性则指交易能否被合作方理解并经常重复。当服务过程被标准化和详细的描述指定时，意味着委托方不需要高密度地沟通和协商，就能够预先指明代理方的行为是否合适（Eisenhardt，1989）。据此，基础产品与服务，也就是产品—服务连续集的底端，服务作为产品添加物的产品与服务综合体是为满足客户既定的需求，一般都有标准化的流程和具体的绩效要求，因此这样的外包任务具有较高程度的程序性和测量性，而相对应的，高端产品与服务，也就是产品—服务连续集的顶端，以服务作为经济交换核心的产品服务综合体由于需要挖掘客户的潜在需求，所导致的"软结果"难以对其进行客观评估。同时要完成这样的团队任务还需要高密度的沟通与协商，而且对于知识化的服务难以预先指明合适的行为，因此，其任务的程序性也很低。由于供需双方的高度互动，服务产品传递的结果具有变动性，较难以评估，因此也具有较低程度的测量性。显然，对于需要投入大量知识资本才能执行的创新性任务来说，知识的隐性化使任务呈现出绩效测量的模糊性，而服务的定制化则使任务不经过密切的沟通与协商，服务过程就无法预先指明，而在供需双方密切的互动过程中，结果又在发生变动，使该类型任务呈现高度的复杂性。

5.3.2 任务复杂度与控制战略的关系

Campbell（1988）基于组织内部战略管理指出任务复杂度与战略和绩效的关系（如图 5-1 所示），其中任务复杂度直接影响着战略开发，并进而影响着战略的制订，最终影响任务绩效。而任务复杂度的直接决定因素则是任务的客观属性：任务的程序性和测量性。

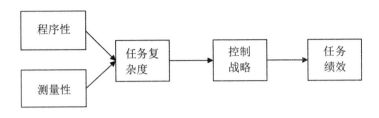

图 5-1　任务复杂度与控制战略路径图

来自：Campbell，1988；Eisenhardt，1989

尽管当前研究外包中任务复杂度影响的文献较少，但是，从物流服务外包实践来看，不乏存在高端物流服务外包，而信息系统外包、人力资源外包这些本身就具有高度复杂性任务的外包实践也说明了任务复杂度与外包并不矛盾。Weigelt 和 Miller（2013）就指出复杂的工作任务比简单的工作任务需要应用更多的知识，通过内部采购不如通过外包能够获得满意的结果。Braun 等（2010）则利用博弈理论模型论证了人力资源外包比采用内部供应选择所获得的服务质量更高，并进而论证了所采购的人力资源服务越复杂，这种差异性越大。说明针对复杂性任务，采取外包能带来满意的绩效。Poppo 和 Zenger（1998）指出随着任务测量方面的复杂度的增加，虽然采取外包方式与内部供应相比对成本的满意度较低，但对质量和反应方面的满意度则没有显著下降。Poppo 等（2008）通过实证研究指出当任务测量方面复杂度增加，关系治理与交易绩效的关系减弱。根据图 5-1 可知，任务复杂度显然是通过相应的控制战略选择，影响着绩效的获取。从代理理论视角来看，也正如此，不过任务复杂度是通过对代理成本高低的影响而影响到控制选择。但是任何控制选择，首要目的是解决代理问题，其次才是考虑代理成本控制的问题，因此，正如Poppo 和 Zenger（1998）、Poppo 等（2008）、Braun 等（2010）所提出的任务复杂度的调节作用，即任务复杂度不同，市场还是科层治理机制或关系治理与服务质量或交易绩效之间的关系也在发生变化，因此需要探讨任务复杂度在代理关系风险控制中应该还有其他的与上图路径不同的影响作用。

第6章 正式控制与非正式控制

自从 Williamson（1975）提出市场和科层治理机制以来，就涌现了许多治理机制模式的研究。但通过对这些治理模式概念的仔细分析，发现不同概念之间有相通和相似之处。总体来说，在供需关系中，企业间的治理机制有两种不同的视角：其一就是合同视角，该视角是从竞争关系出发，假定合作中可能存在机会主义行为，采取合同机制进行治理；另一个则是关系视角，该视角从合作关系出发，认为信任是治理的基础，采取合作机制进行治理（Madhok，1995；Ferguson et al.，2005）。这两种治理机制的视角分别源自不同的理论基础、关系类型，形成不同的治理机制，前者源于交易成本经济学（Williamson，1975，1985），企业之间的关系仅仅是一般的相对短期的交易关系，合作之中主要关注价格，代理方会存在较为强烈的机会主义动机，需要有严格的治理机制来约束其在交易过程中的行为，因此采取契约治理机制（contractual governance mechanism），后者源于关系理论（Macneil，1980），企业之间具有持久的相对依赖的关系，合作中双方更加关注长期利益，往往会采用社会认可的社会规范（norm）和价值观（value）等来约束双方的行为，因此采取关系治理机制（relational governance mechanism）。相对应与这两种视角下的契约治理机制和关系治理机制相似的还有许多其他概念表述，例如：合法联结（legal bonds）与关系联结（relational bonds），显性契约（explicit contract）和隐性契约（implicit contract）、"硬契约"和"软契约"或者"正式契约"和"非正式契约"。

在此前提下，大多数学者均相信治理的基础来自信任和控制。Kramer 等（1999）和 Ryu 等（2007）相信信任和控制是治理的基本模式，Nooteboom（1997）指出治理应该扩展到信任，因为广泛使用的公司间治理不足以覆盖治理的关系层面。因此尽管治理的概念来源于交易成本经济学，但不限于此，还必须扩展到信任、风险与控制层面（Bazyar et al.，2013）。也有学者认为信任也是一种控制，因为信任是通过影响被信任方的行为发挥作用的（Mcallister，1995）。综上所述，在供应链风险管理之中，识别风险来源并进行风险评估之后，就需要采取相应的风险控制，对风险采取包括信任在内的控制。

6.1　风险控制

6.1.1　控制的定义

控制（control）的概念属于组织管理的范畴。在科层治理机制下，控制的含义不言而喻，指的就是科层机制中上级管理者对下级成员工作的衡量和矫正等活动。因此，对于科层管理机制，控制是作为上层机构对下层机构进行管理的职权之一，也是被赋予的合法性权利的一种。但是在供应链这种耦合性组织中，组织中的各个节点分属不同的利益主体，彼此都没有管辖权利，唯一被赋予的合法性权利只有正式合同，除此之外，还能通过关系规范、价值观的约束来进行管理。因此供应链中的控制可以通过合同治理和关系治理得以实现，通过这两种治理机制，控制可以有效发挥作用。有效的控制能够使合作关系良性发展，对于双方合作绩效的提高至关重要（Choi et al.，2004；Kamminga et al.，2007）。

控制在管理学中是一个重要的过程性概念。从广泛意义上来说，控制是一方影响另一方行为的过程。从学术概念上，经常会称之为：控制模式（control mode）、控制系统（control system）和控制机制（control mechanism），这是因为控制具有很多构念：控制既是一种组织设置，也是一种组织结果，还是校正和调整行为的一种整体过程（Das et al.，1998）。但是在供应链管理领域内，一般采用过程性概念，指的是：为了实现所期望的目标或状态，通过标准的设定和校准的过程，使系统更具有达到目标的预测性（Leifer et al.，1996）。因此控制机制在供应链情景下就是设计一定的治理安排和组织模式以决定和影响供应链组织成员的行为。有效的控制能够使公司避免偏离其既定目标（Merchant et al.，2007），因此合适的控制机制能够消除风险，获取所期望的目标。同时控制还必须随时进行调整，以保证其校准过程符合公司的最终目标。此外，控制因控制对象的不同，着重点有不同的变化。例如科层或官僚管理机制中，对所有权的控制，市场管理机制中，对合同的控制，供应链上下游关系中，对合作伙伴的控制等。在本书中根据研究主题的设定，控制对象是企业间的关系，着重点在于合作伙伴的控制，组织模式、治理结构以及合同形式作为对合作伙伴控制的表现都包括在研究主题之内。

6.1.2　组织控制理论

大多数有关控制的研究要么采用组织理论研究方法，要么采用经济理论研究方法。在应用组织理论研究方面，Ouchi（1979）开启了现代控制理论的起源，Das 和 Teng（1998，2001A）在对于联盟关系的论述中对其进一步完善和发展。在控制理论中，控制是基于两个可以观测和监控到的工作情况实现的，这两个工作情况指被控制方的行为和行为所导致的结果，并由此而产生两种相异的控制模式，即：行为控制和结果控制。当这两种工作情况都不可观测到时，则采取小团体控制模式（Ouchi，1979），也就是我们后来一般意义上所说的社会控制或非正式控制。

在应用经济理论进行组织研究方面，代理理论是具有紧密联系的其中一个，Baiman（1990）指出代理理论是关心如何发现利益最大化的最优控制模式的问题，Mitnich（1987）指出代理理论也能应用于治理代理关系行为的双边协议，Eisenhardt（1989）更是奠定了代理理论在组织理论研究领域的应用基础。代理理论关心控制系统的最优选择，这种最优控制系统是由报告和决策方式决定的，当报告的内容基本属于被控制方行为方面的，决策是依据行为方面的因素而确定的，就采取行为控制；当报告的内容基本属于被控制方行为所表现出的结果方面的，决策是依据结果方面的因素而确定的，就采取结果控制（Eisenhardt，1989）。

交易成本理论是应用于控制机制研究的另一个经济理论。Williamson（1975）提出了治理结构（governance structure）谱系，在此谱系中，市场和企业位于两个极端，中间存在着一系列连续的市场与组织混合的治理结构。合同治理也包括正式显性合同治理和隐性非正式合同治理（社会规范、压力等）两种，也有两种治理方式不同程度的混合使用。显然，不同的治理结构与不同的合同形式一样都是不同控制模式的体现。

如表 6-1 所示，从理论假设上来说三种理论都强调有限理性与效率优先，代理理论相比较交易成本理论除了风险偏好与信息属性的假设之外其他假设一概相同，因此有学者认为代理成本就是增加了监控成本的交易成本，监控成本属于代理成本的内容，同时也属于交易成本的一部分。

表 6-1 代理理论与控制理论和交易成本理论假设的联系

假设	代理理论	控制理论	交易成本理论
自利主义	有		有
目标冲突	有		有
有限理性	有	有	有
信息不对称	有		有
效率优先	有	有	有
风险厌恶	有		
信息商品	有		

来源：Eisenhardt（1989）

代理理论与组织控制理论具有显著的联系（Eisenhardt，1989）。Ouchi（1979）发表了关于转换过程的高度认知和透明化的目标影响了采取行为控制还是结果控制的理论演示，奠定了控制理论的基础；Eisenhardt（1989）提出了任务的可程序化和结果的可测量性影响了采取基于行为或结果的合同方式的观点，诠释了代理理论在组织管理领域的应用，两者之间有异曲同工之妙。其中关于转换过程的高度认知也就是任务的高度可程序化导致行为控制，而透明化的目标也就是结果的高度可测量性导致结果控制。如表 6-2 所示，可见测量性、程序性与控制模式有明确的相关性。不同的合同形式只是不同控制模式得以实现的技术与手段。Ouchi（1979）提出的社会控制，也就是非正式控制则与代理理论中假定目标冲突性较小的状况相似，社会控制暗示了在组织间目标的高度一致性，因此减少了对正式的行为和结果控制的需要。

表 6-2 控制与任务属性的矩阵模型

任务属性		测量性	
		高	低
程序性	高	行为或结果控制	行为控制
	低	结果控制	社会控制

来源：Ouchi，1979；Eisenhardt，1989

毫无疑问，在如此多的相同的理论假设的情况下，交易成本理论也与代理理论有很多相似之处（Williamson，1975）。比如相似的结果变量：科层的治理机制与基于行为的合同形式，市场的治理机制与基于结果的合同形式。而两种理论的不同之处在于交易成本理论关注组织边界问题，而代理理论则关注的是合作各方的合同问题，因此尽管两种理论都出身于经济学的范畴，但交易成本理论关注基于专用性资产的企业间关系治理，而代理理论则关注基于行为或结果的合同治理。此外，代理理论中由代理方承担的契约成本属于一种消耗性资源，契约成本的投入是为了让委托方相信其承诺，一旦挪作他用，就成为沉没成本，因此委托方通过各种非正式形式促进代理方投入契约成本（Sharma，1997），也与交易成本理论中基于专用性资产的企业间关系治理类似。

尽管以上三种理论观点颇有相似之处，但要规避代理关系风险，实现对代理方和合作关系的有效控制，表现在合同方面的竞争关系视角和表现在伙伴关系方面的合作关系视角在不同的文献中被研究讨论，却呈现不同的观点（Geffen et al.，2008；Rustagi et al.，2008；Dey et al.，2010）。显然，不同的服务外包管理形态，有不同的组织间关系管理视角，也会强调不同的治理方式。相对于单个企业，供应链、外包面临着更高程度的风险。其中既有因目标冲突而无法获得有效合作的风险，也有因依赖关系而暴露出的机会主义风险。在风险情境下，合适的治理机制就非常重要。组织间的交易治理包括合同治理和关系治理两种（Ronald，2005），正如合同包括正式契约和关系契约一样，合同治理也包括正式的合同治理和非正式的合同治理，而供应链控制模式则包括正式控制和非正式控制两种（Ouchi，1979；Jaworski et al.，1989；Kirsth et al.，2002）。Macneil（1980）指出正式合同规制用于以书面合同方式引领企业行为以达到预期目标，而非正式合同规制以非书面形式影响组织间的行为。正式控制是通过正式合同治理来实现，而非正式控制则通过基于非正式合同的关系治理实现。因此，将竞争关系视角和合作关系视角有机结合起来，采用合适的控制组合，包括正式控制和非正式控制，可以更有效地削减风险，减少失败（Das et al.，1998）。

6.2　正式控制

根据 Leiferand Mills（1996）的定义，正式控制是为了实现预期价值和利益，通过事先建立起来的具有约束性的法规和流程进行合作关系管理的手段。如前所述，从交易成本经济学视角来说，正式控制是通过正式的治理结构和合同条款对组织成员进行控制和管理的（Williamson，1975）。根据 Eisenhardt（1989）对代理理论的综述文献，正式控制是基于测量的外部控制。正式控制，也称为客观控制（objective control），强调正式法规、流程和政策的建立和利用以对实现预期绩效进行监控，并相应支付报酬（Das et al.，2001A），从交易成本经济学角度来看，则是采用契约和科层的机制对合作进行控制（Luo et al.，2001）。不管正式的治理结构和合同条款有何不同，其最终目的都是保证组织成员按共同利益进行活动，从而获取较高的合作利益。

基于代理理论在公司理论的应用中，Jensen 和 Meckling（1976）提出合同的意义就是定义代理关系。同样在管理学的应用中，基于利益最大化和自利行为的前提，代理理论研究的核心也是确立最有效的合同以治理代理关系，合同的有效性则根据关系性质的不同来自对代理方的行为或结果进行控制（Eisenhardt，1989）。在外包中，正式外包合同是被赋予控制权利的一套协议，起到正式治理机制的作用。正式外包合同是对特定的交易活动进行的协商和承诺，其中详细指定了交易的价格、质量、数量、特定资产配备等（Williamson，1985），因此法律协议性是正式合同治理机制的显著特点，无论是合同的制订、签订和执行过程都要符合相应的合同法制法规以及国家、行业相关的政策。正式外包合同是以契约条款的形式来明确代理方的责任和义务，即代理方在合作中需要交付何种结果、交付的程度或者代理方所能采取的合适的活动和行为。因此正式控制就是用契约条款来约束代理方的行为或交付的结果，使代理方行为不能超出条款所规定的范围，所交付的结果必须符合条款所规定的标准，否则就会受到相应的惩罚，其中严重的是受到法律制裁，轻的也会得不到约定的报酬，甚至交纳大量的违约金，从而在法律上保护委托方的利益不受侵害。另一方面，通过正式合同的契约条款，委托方就能够按约定对代理方进行监督，来保障其根本利益。因此，从委托方单方利益考虑，正式合同约束了代理方行为，以保证其行为符合一定的规范，而即便代理方违反了合同规定，无论是行为不正确还是无法交付正确的结果，委托方都能相应地采取基于行为或基于结果的正式控制手段对代理方进行管理，使委托方的利益受到法律保护，从而有助于保证代理方不偏离委托方的利益。因此正式外包合同能够使委托方获得预期的服务成果，使代理方获得与付出努力相应的报酬，从而使交易双方在合作中获利（Uzzi，1997）。

从代理理论视角和控制理论视角来说，正式控制是基于监控的外部控制，根据所监控的对象的不同，即监控代理方执行任务的过程还是代理方执行任务所交付的结果，而决定了采取的控制模式是行为控制还是结果控制，行为控制的直接目的是保证代理方按照既定的方式开展活动，其行为过程没有偏离委托方的利益，行为控制即通过有效的监控机制对代理方的工作行为进行监督；而结果控制的直接目的就是保证代理方的绩效符合委托方的既定目标，结果控制即通过对代理方的工作结果进行测量以确定是否达到原有约定的目标并支付相应酬金（Eisenhardt，1989）。

6.2.1　结果控制

结果控制，也叫作绩效控制，采取绩效测量的方法对行为所产生的结果进行监控。基于结果的控制手段，可以直接实现委托方的目标需求，要使结果控制切实发挥作用，必须建立在代理方行为的结果可以准确测量的基础上（Das et al.，1998）。在风险控制方面，基于缓冲的结果控制更倾向于缓解风险发生后的不利影响而不是降低风险发生的概率（Zsidian et al.，2003）。因此，在某种程度上，结果控制属于风险缓冲策略，旨在缓解风险发生后的不利影响。从代理关系风险控制角度来看，委托方采取结果控制的一般意义在于一旦代理关系风险发生，由于代理方缺乏合作或努力的机会主义行为导致不正确的结果或结果与目标的差异，委托方相应地可以采取少支付或不支付甚至处罚的方式降低并弥补因此所造成的损失。显然，这是一种短期的解决方案（Zsidian et al.，2003）。然而，从广泛意义上来说，结果控制还在于可以使用激励来校准双方的目标，代理方通过努力合作达到预期目标，获得更高的支付所得，从而通过实现合作目标满足自身利益最大化的期望，双方目标一致性得到提高，代理关系风险发生的可能性得到降低。由于代理关系风险的核心来源在于目标冲突和信息不对称，因此在识别风险来源的基础上，采取结果控制也可以有效降低风险发生的可能性。从这一意义上来说，结果控制也属于风险削减策略，旨在降低代理关系风险发生的概率。结果控制能够通过把双方的利益建立在一致的行动基础上把代理方和委托方的偏好统一起来，提高目标一致性，因此能够减少双方自利的冲突，从而更好地降低代理关系风险的可能性，所以结果控制比行为控制使代理方更有可能按委托方的利益执行任务（Jensen et al.，1976；Eisenhardt，1989）。

6.2.2　行为控制

行为控制，也叫作过程控制，关注的是把合适的行为转变成预期结果的过程。基于行为的控制手段，可以使供应商的活动在预设的规程内进行，而要使行为控制切实发挥作用，必须建立在代理方的行为信息可以有效监控到的基础上。这种可以监控到的有效程度不仅在于委托方所指派的任务属性具有可程序化的特点，即委托方可以预先了解代理方是怎么做的这一问题，同时还有代理方是否愿意配合委托方对其行为进行观测的活动。因此过程与行动的监控是正式行为控制的内容（Zsidian et al.，2003）。有效的行为控制，可以促使供应商付出更大的努力来改进内部流程，减少买方面临的代理关系风险。

综上所述，广泛意义上的结果控制并不仅仅局限于根据所测量的目标完成情况来支付酬金，还包括通过在合同中明确激励校准双方的目标，促使代理方交付正确的结果；而广泛意义上的行为控制也不仅仅局限于根据所监测到的代理方行为情况支付酬金，还包括通过预算调整、支付政策等正式机制指引代理方的行为。同时，结果控制与行为控制绝不是非此即彼的关系，在特定条件下有时两种、有时任意一种、有时只有一种可能被应用（Jaworski et al.，1989）。

6.3　非正式控制

非正式控制来源于 Ouchi（1979）关于小团体控制的思想，当委托方既不能很好地监控到代理方的行为，也不能准确地监控到其结果时，正式控制中的行为控制和结果控制都不能解决这种情况，这时，非正式控制就必须发挥作用了。非正式控制是基于价值的内部控制。非正式控制，又称为小团体控制、社会控制（social control）或规范控制（normative control），是通过强调社会规范、价值、文化及内在化目标的建立来鼓励所期望的行为和结果，依靠承诺、名誉和信任等因素从协作角度出发对合作关系进行管理（Larson，1992）。

尽管 Ouchi（1979）提出了正式控制与非正式控制的分类，但对于非正式控制，仅仅指出是传播共同价值观和信仰，基于共同的目标和社会规范实施的控制手段，因此也称之为价值观控制，价值观控制强调的是传统。Kirsch（1997）在 Eisenhardt（1989）等人研究的基础上，针对 IT 自主研发项目中项目经理对开发人员的控制，将非正式控制分为价值观控制和自我控制，Sharma（1997）针对法律、广告等专业人员的控制也提出了委托方控制、自我控制、科层控制和社区控制，其中的自我控制指处于一定社会网络中的服务提供方由单纯的自利转变为复杂的利他主义，不仅有利己的一面，更有基于职业需求、名誉等的考虑而采取的自我控制，显然自我控制更偏向于个人层面，而非组织层面，同时在定义和范围上是独立于委托方控制之外的。

Kirsch 等（2002）在 IT 外包项目中应用了 Kirsch（1997）关于非正式控制的分类，以分析在 IT 外包项目中客户方对项目领导人的非正式控制。尽管仍然采用了个人层面的自我控制，但在控制者的作用方面，提出了鼓励被控制者加强自我控制的几种情况，比如合理规划工作环境，包括以合适的技术培训受控者以及对要进行的任务设立清晰的边界，当然也可以设定适合的奖惩机制来鼓励自我控制。显然，从组织层面来说，自我控制是由于外包方对接包方采取非正式控制的前提下形成的，基于一定社会规范的设定自我目标和根据目标完成情况奖惩自我的一系列活动，与价值观控制区别不大。综上所述，在针对跨组织控制系统，尤其是在外包方对接包方控制方面的研究上，非正式控制的分类研究既不全面也不深入，更不用说应用代理理论开展在此方面的研究。

针对外包中的跨组织控制系统，分析的焦点从企业内部转变为跨越企业边界的能力和价值活动，企业间关系成为一种重要的合作机制，也是一种非正式控制机制。在此，企业间关系包含了关系行为和关系治理。与正式的治理结构相对应，关系治理强调的是一系列关系规范与价值观。在某些交易过程中，企业常常忽略一些契约条款，或者放弃合同刚性，此时，交易的规则不再以合同为主，而是以社会规范和社会价值认识为主，道德规范是关系治理的显著特点（Gundlach et al.，1993）。在关系治理中，交易双方通过对关系规范和关系可持续性的期望来约束和限制机会主义行为（Lusch et al.，1996）。关系治理采用关系契约方式治理企业间交易，该交易包含重要的关系专用型资产，并与高度的组织间信任相结合（Zaheer et al.，1995）；因此，关系治理指通过信任和社会认同，从而使合作伙伴加强其责任、承诺和期望，并进一步提高整体绩效，降低机会主义（Macneil，1980）。

非正式控制的核心就是开发组织成员间的共享价值、共同的信仰和目标以强化合适的行为，由于代理方对共同目标的内在化，对于实现此类目标代理方自身就能产生一定的承诺和很强的动机。非正式控制不能被明确地设计，但能够通过经常性的互动、会议、争议协商、参与等活动产生影响并形成（Nooteboom，

1996）。因此，非正式控制的作用正是通过这些活动减少合作伙伴间的目标冲突和偏好冲突，使代理方在实现自身效用最大化的同时获取组织共同绩效（Das et al.，2001A）。在众多非正式控制所能采取的方式中，信任对于治理合作关系至关重要（Larson，1992）。

从关系理论视角来看，信任作为精神层面的范畴，是关系治理的重要基础，也是关系规范的重要表现形式。信任就是基于对合作伙伴的积极判断，认为对方不会因短期利益而采取机会主义行为。供需之间的信任关系有利于双方通过修改或终止事先的协议动态地调整供需关系，从而提高关系收益。因此关系治理的形成和完善有助于代理方获取委托方的信任，而委托方基于对代理方的信任，采取的非正式控制手段，能够影响代理方的行为，降低代理方的机会主义行为倾向。

关系视角下，与信任密不可分的就是承诺（commitment）。承诺定义为一种有形的输入能够阻止参与者采取有害于合作结果的行动，从而促进外包成功（Das et al.，2001）。Kim、Frazier（1997）认为承诺有持续承诺（continuance commitment）、行为承诺（behavioral commitment）和感情承诺（affective commitment）三种表现形式，分别与关系的持续、特定行为和认识集结化有关。因此，专用资产的投入同样是发出承诺。在委托代理关系中，代理方投入契约成本，发出承诺，并力图使委托方相信其承诺，契约成本作为一种为了让委托方相信其承诺而投入的消耗性资源，其性质与专用资产类似，由于一旦委托代理关系终结，这些投入就变成了沉没成本。因此代理方专用性资产的投入无疑就是一种承诺，使代理方自身产生实现目标的动机，以实现关系的联结，维系关系的持续，从而进行自我约束和自我控制，能够阻止代理方采取不合作或不努力的行为。其中有形专用资产的投入做出的是持续承诺，而关系型专用资产的投入做出的是情感承诺。因此通过设置相应的工作环境以及奖惩机制促使代理方投入专用性资产就意味着通过承诺这种社会关系规范进行非正式控制。

基于以上论述，非正式控制可因价值观的着重点不同，而区分为基于信任的非正式控制和基于专用性资产的非正式控制，前者着重于委托方对代理方的积极判断，后者着重于让委托方对代理方产生积极判断。显然，正如结果控制和行为控制的关系一样，基于信任的非正式控制和基于专用资产的非正式控制也不是一个两分选择，而且代理方投入专用资产着重于让委托方对其产生积极判断，因此，专用资产的投入可以产生信任。

6.3.1 基于信任的非正式控制

信任是关系规范中的一种重要表现形式（Goodale et al.，2008），因此信任是非正式控制中的重要方式。信任指的是在风险状态下一方对另一方的积极期望（Boon et al.，1991），信任也可以指一方在风险状态下对另一方的信赖（Hosmer，1995）。信任既可以由第三方评价和社会声誉获得（Sharma，1997），也可以通过和相同的供应商以前的合作获得（Gulati，1995）。

信任有信任行为结果和积极期望的主观状态之分，也有信任信念（trusting belief）和信任意向（trusting intention）之分，总之，信任是一个多维度、多层级的构念（Das et al.，2001A）。Luhmann（1979）简单把信任定义为对期望可以实现的信心。根据不同的研究角度，信任的分类也各种各样，Sako（1992）将信任分为商誉信任（goodwill trust）、契约信任（contractual trust）、能力信任（competence trust），Nooteboom（1996）则把契约信任合并到能力信任中，并将信任分为"根据协议执行任务能力"的计算型信任和"如此做的自身意图"的认知型信任。Zucker（1986）则根据信任的形成过程，把信任分为特征型信任、规范型信任、过程型信任，顾名思义，特征型信任就是指基于双方特征的一致性而产生的信任机制，比如相似的企业文化、发展背景和观念认识；规范型信任，则等同于契约信任，也就是通过激励与惩罚使协议规定得以有效遵守，是一种计算型信任；过程型信任机制，也就是信任是从低度，经过中度，向高度发展过程的观点，通过长期合作，从计算为基础的信任演变为以认同为基础的信任。

6.3.2 基于专用性资产的非正式控制

资产专用性是指资源一旦用作特定投资后，很难再移作他用的性质。相应的专用性资产就是支持某些特定交易的资产，一旦终止该资产所指向的交易，该资产无法全部或部分地挪作他用，就成为沉没成本。根据 Williamson（1981），资产专用性包括场地专用性、物质资产专用性等有形资产所拥有的专用性以及人力资产专用性和专项资产等无形资产所拥有的专用性，分别与场地、物质资产、人力资产和累积资产相关，其共同特征就是一旦形成很难用作于其他用途。资产专用性程度越高，交易双方就具有更强的依赖性，任何一方违约都会给另一方造成巨大损失。

基于资产专用性的非正式控制表明通过专用性资产的投资将合作双方的利益紧紧捆绑在一起，因此供应商更换买方的能力受到制约。从代理理论视角来看，代理方为了让委托方相信其承诺，投入契约成本（bonding cost），其性质与投入专用性资产的性质一样。因此在代理关系中委托方会通过促使代理方投入有形、无形和关系专用性资产的锁定效应来实现控制（Sharma，1997）

　　在有形、无形和关系专用资产中，关系专用型资产强调合作产生价值（Ulaga et al.，2006）。由于关系专用型资产能够产生合作等有利的结果，因此关系专用型资产被认为是一种重要的关系规范（Cheng et al.，2013）。Heide、John（1990）把买卖双方之间的紧密关系解释为一种专有性的投入资产，并利用交易理论检验了如何通过这种紧密关系来应对不确定性。

　　通过对资产专用性，尤其是关系专用性资产的分析，可以得出基于专用性资产的非正式控制特别强调双边的治理机制，即依靠交易双方培育紧密的关系以进行关系治理。

6.4　正式控制与非正式控制的关系

　　基于信任的非正式控制与正式控制可以作为不同治理模式的潜在逻辑，而且在公司间关系中共同存在，这是毋庸置疑的。根据 Macneil（1980）的研究文献，正式控制是以书面合同的形式，以管理为出发点，以引导合适的行为达到目标结果而设计的机制，而非正式控制则是以非书面形式，基于信任和共同价值观，以影响组织间的行为而设计的机制。在实际当中，不论是任何形式的外包关系，一个正式的书面合同几乎是所有重复性交易所必备的，但是由于有限理性，正式合同是不完全的。在此基础上，只有培育和开发关系治理，以社会控制来促进外包关系，才能有效规避各种不确定性风险，获取预期收益。在这种关系结构的形成过程中，对于正式控制和非正式控制的关系，却有两种截然不同的认识，一种认为是替代关系，另一种则认为是补充关系（Goo et al.，2009；Bazyar et al.，2013）。

6.4.1　正式控制与非正式控制的替代关系

　　替代关系即一种控制方式的出现排除了对另一种控制方式的需要

（Larson，1992；Gulati，1995）。这种认识来源于非正式控制是一种自我强化的机制，因此非正式控制对于正式控制具有替代作用。在这种认识的基础上，Larson（1992）忽视了正式控制的作用，认为正式合同是不重要的；Uzzi（1997）认为交易嵌入在社会环境中，单独采取非正式控制就可以实现提高竞争收益的目的，因此无须在昂贵的合同协商方面浪费时间和成本。也有更多学者认为基于信任的非正式控制对正式控制具有替代作用，Adler（2001）认为信任替代正式合同能够降低交易成本，自我强化的基于信任的非正式控制可以代替发挥正式控制的作用；Gulati（1995）则认为信任的功能在于减少合约签订和执行成本，降低监控的需要，因此可以代替正式合同发挥作用，而再采取正式合同无非是增加交易成本；Rustagi 等（2008）通过实证分析指出如果用户信任其供应商，会较少采取正式控制。这些有关替代作用认识背后的范式是：如果一方信任另一方，就无须再按合约采取正式控制。也有另一种关于替代作用的不同看法，在于两者只能选一，或者非正式控制削减了对正式控制的需要，或者正式控制直接阻碍了非正式控制的形成。Das 和 Teng（2001A）也认为正式合同释放不信任的信号，可能会破坏合作等非正式控制的形成，而非正式控制则基于信任，这两者组合在一起本质上是矛盾的、有问题的，因此，无论是行为控制还是结果控制，正式控制都会破坏联盟中的信任。

6.4.2　正式控制与非正式控制的补充关系

补充关系指一种控制方式所起的作用填补了另一种控制方式的空白，Poppo 和 Zenger（2002）通过实证研究证明表现为定制化合同的正式控制与表现为关系治理的非正式控制之间是相互补充的关系而不是替代关系，因为两种控制机制对于交易绩效的组合效应高于任何一种单独控制机制，而如果是替代关系，正式控制和非正式控制对交易绩效的组合效应可能为负，或者不为负的话，至少也会比单独效应低。Das 和 Teng（1998）提出控制机制和信任可以同时以互补的角色发挥作用。Goo 等（2009）通过实证研究检验了正式服务协议中的三种特征与关系治理的三种属性之间的交互关系，最终结果基本支持了正式控制与非正式控制的补充关系，即供需之间结构良好的正式合同对关系治理的各个方面有正向影响作用。

一、正式控制对非正式控制具有补充作用

正式控制系统会通过控制的加强增加透明度，不仅影响到组织间的关系，

而且促进共同价值观的建立（Mouritsen et al.，2001）。正式机制的应用还促进了双方关系的透明度，从而促进信任发挥作用（Langfield–Smith et al.，2003）。这种补充作用的内在逻辑有以下三点（Poppo et al.，2002）。

首先正式控制以正式规定的形式提供了长期交易关系的承诺，促进交易关系的持续性，使另一方从未来交易中获得回报的期望阻止了对短期利益的追求。此外，当前的合作能够加强未来合作的期望，因此与过去成功合作过的特定交易伙伴签订合同也能促进当前合作的成功（Larson，1992）。

其次，通过复杂化、定制化的正式合同体现的正式控制可以限制从机会主义行为获益的动机，促进建立高度合作的交易关系，例如：从仅仅指定交付成果的单边合同转变为提供双向调整的双边合同，或者以表达清晰明确的合同条文规定惩罚措施。相反，如果在正式合同中没有规定清楚应该规定的事项，就容易导致寻求短期利益的欺诈，降低双方合作的期望（Baker 等，1994）。因此，通过合同防卫以及其他应对不确定性的相关规定，正式控制可以促进另一方的合作行为，从而弥补非正式控制的局限性。

第三，通过拟订复杂合同，双方相互判断并致力于应对意外变化，开发社会关系，提高未来交易绩效。因此采取正式控制的过程能够以正式的限制和期望补充非正式控制的不足。

因此，表达清晰明确的合同条文、争议解决的流程，这些正式控制手段作为非正式控制中具有柔性、合作性和持续性关系规范的补充，共同激发了双方在组织交易中采取合作的行为。从以上逻辑来说，正式控制内的结果控制和行为控制通过对代理方交付结果的测量和行为的监控增加了服务的透明度，校准了双方目标，降低了信息不对称，能够对信任降低代理关系风险的效应起到补充作用。此外，行为控制和结果控制通过对行为和结果的监控、测量和奖惩加强了专用资产的锁定效应，从而能够对专用资产降低代理关系风险的效应起到补充作用。总之，针对关系风险，基于信任的非正式控制与基于专用资产的非正式控制都具有消除机会主义行为的动机，因此正式控制发挥了正当的合同防卫作用，能够补充并作用于关系风险（Das et al.，1998）。

二、非正式控制对正式控制具有补充作用

确实，相比于臂长关系，外包关系常常被很好地定义，并具有完备的合同，这些合同条款之复杂性足以覆盖任何利益所在之处。但有些理性和柔性伙伴关系的需要则使企业并不能完全依赖控制系统中的正式机制，还需要非正式机制，譬如信任和因专用性资产的投入所产生的承诺（Langfield-Smith et al.，2003）。Kotabe 等（2003）指出信任可以弥补契约的不完备性，使交易成本下降。根据代理理论的组织假设，由于有限理性、不确定性和信息的不对称性，合同本身是不完全的，合同条款的定制化和复杂化并不能减少全部外包风险，如果存在较高的资产专用性和测量问题，创建良好的买卖关系是弥补不完全合同问题所必需的（Macneil，1980；Uzzi，1997）。因此，关系维度被认为是规避交易风险的有效工具，并能保证合同是符合变化的现实，并且对双方都是有用的（Wullenweber et al.，2008）。Buckley 和 Casson（1996）也提出虽然正式控制有助于消除风险，但是却不能解决所有合作问题，要实现对双方关系的真正提升还需要认知因素发挥作用。这种补充作用的内在逻辑也有以下三点（Poppo et al.，2002）。

首先，基于契约人的有限理性假设，同时由于不确定性和信息不对称，合同往往是不全备的，契约条款并不能覆盖所有未来可能的变化以及代理方行为的全部方面，就算是更加复杂化、定制化的正式合同，单独采取正式控制也不能减少全部外包风险，以关系契约形式体现的社会性治理机制就能补充正式控制的这种不完全性，解决正式合同所不能解决的问题。

其次，当发生变化和冲突时，非正式控制能以培育持续性和双边主义弥补正式合同的局限性（Macneil，1980）。当合同越来越定制化，非正式控制能够增加持续的可能性，从而促进专用性资产投资。

最后，非正式控制中的关系治理也能促进正式合同的完善。随着紧密关系的建立，合作经验、信息分享都能促进合同条款的特定化，从而加强正式控制的效果。

由于代理方天然的信息优势，委托方仅仅能够控制代理方的一部分行为，要想降低合作中的代理关系风险，就需要双方建立起相互信任的机制，因此良好的关系、充足的信任能够通过密切的沟通与协调，加强行为控制和结果控制的效果（Das et al.，2001A）；如果缺乏信任，单纯依赖监控行为和测量结果来进行行为控制和结果控制无疑会引起代理方对委托方所涉及动机的怀疑和不满，因此如果单纯依赖理性的正式控制，代理方可能会由于缺乏内在的动机，利用其知识的优势在一些重要但委托方较难发现的领域采取机会主义行为（Sharma，1997）。总之，信任可以增强双方行为的可预测性，信任尤其适用于组织间关系情境，因此信任在风险环境中可以加强正式控制的效果（Sako，1992）。基于专用性资产的非正式控制则通过加强双方对持续性的期望从而促进沟通与协调，来加强行为控制和结果控制的效果（Macneil，1980）。

结合上述正式控制与非正式控制补充作用的文献综述，属于正式控制内容的正式合同有格式合同和定制化合同之分，显然格式合同不通过密切的沟通与协商而签订，因此破坏信任，滋生机会主义，而定制化的正式合同则与非正式控制中的关系治理是互相补充的关系（Poppo et al.，2002）。

总之，正式控制与非正式控制的关系，正如合同治理与关系治理的关系一样，合同治理通过正式合同或来往文件来规范交易双方的行为，并对交易中有可能发生的情况事先制订解决机制，具有合法性效力、易认知性和高度规范性，因此正式合同涵盖了大量信息，使交易双方不必在信息搜寻上支出成本，因此可以节约成本。但是正式契约治理受制于制度的不完善和契约的不完全，治理效率并不一定最好。而关系契约则基于社会人的假设，以关系规范作为约束，认知性和规范性都不强，其治理效率可能短时间内无法体现。另一方面，正式控制是一种理性控制，而非正式控制则是一种自我强化的机制，两者需要相互配合，才能起到最好的治理效率。Caniëls 和 Gelderman（2010）通过对组织间买卖关系的研究发现关系治理与合同治理能够同时使用、补充作用于关系风险，以保护企业免受机会主义行为的危害。Caniëls（2012）则在项目管理的情景下针对复杂性采购项目采用纵向案例分析方法研究了信任、正式控制系统以及合同激励的交互作用，证明只有同时采用三种治理机制才能获取项目绩效。

第7章 理论模型及研究假设

本章以代理理论为基础，结合交易成本理论、控制理论和关系理论，根据不同控制模式对代理关系风险和交易绩效的作用机制和正式控制与非正式控制相互补充的内在逻辑，构建了不同的控制模式通过降低代理关系风险对交易绩效产生积极影响的中介模型，任务复杂度对不同控制模式降低代理关系风险的效应起调节作用。其中以关系风险驱动因素和任务客观属性为一阶变量，构建了关系风险和任务复杂度两个二阶变量，通过比较不同控制模式对关系风险的效应不同，探讨了在不同的任务复杂度下采取不同的控制组合对降低关系风险的效应变化，此外，还探讨了正式控制与非正式控制机制之间及正式控制与非正式控制机制内部的补充关系，从而为控制代理关系风险提供了理论依据。

7.1 研究模型

在文献综述和理论开发的基础上，提出如图7-1所示的研究模型，即以目标冲突和信息不对称为一阶变量生成二阶变量代理关系风险，以任务属性中的程序性和测量性为一阶变量生成二阶变量任务复杂度，通过测量合作中实际采用的控制模式，分析不同控制模式通过降低代理关系风险为中介获得交易绩效的作用，以及不同控制模式之间的补充作用。通过比较结果控制与行为控制对降低代理关系风险的效应，来确定究竟是行为控制还是结果控制对降低代理关系风险最有效。同样对信任和专用资产降低代理关系风险的效应也进行了对比。同时分析随着任务复杂度的变化，不同控制模式降低代理关系风险的效应如何发生变化。因此，该模型实际上检验了在不同的任务复杂度情况下，哪种控制模式或哪些控制模式组合对降低代理关系风险最有效。

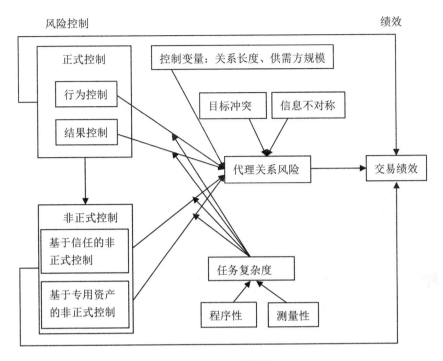

图 7-1　研究模型

7.1.1　二阶变量说明

一、中介变量：代理关系风险（RR）

根据代理关系风险的定义与分析，代理关系风险指的是基于代理理论选择特定代理方建立代理关系后委托方面对的由于与代理方目标相对冲突，且信息相对不对称的情况下代理方采取不合作或者机会主义行为的不确定性。在自利和机会主义的假设下，当代理方与委托方的目标相对冲突，代理方更倾向于追求自身的利益，而不是合作的共同利益，代理方就有动机采取不合作或机会主义行为。由于代理方相对于委托方具有信息优势，因此在委托方对合作任务缺乏相关信息时，代理方就有机会以牺牲其合作伙伴的利益或整个合作利益为代价来实现自己的利益，从而对合作伙伴或供需关系造成负面影响。在外包情景下，代理关系风险也就是代理问题中道德风险发生的不确定性（Eisenhardt，1989），其根本来源在于目标冲突和信息不对称。因此要研究风险控制对目标冲突和信息不对称的共同作用，就需要通过这两个一阶变量，构成二阶变量代理关系风险。显然代理关系风险是一个二阶形成性构念。由于形成性构念指的是由观察变量导致的构念，因此其关联方向由观察变量指向潜在构念，在二阶构念中其关联方向则是由一阶变量指向二阶变量。

二、调节变量：任务复杂度（TOC）

如前所述，外包方所需求的资源是一个"产品—服务连续集"，基础资源和高端资源在这个连续集的两端。其中任何位置都可能存在一种不同的产品与服务类型，在提供产品与服务过程和行为方面体现出来的任务属性是程序性的高低，而在结果方面体现出来的任务属性是测量性的高低。因此不同的产品与服务类型分别呈现不同的任务属性，表现在任务的测量性和程序性方面。根据任务复杂度的客观定义，这两项客观的任务属性组合起来决定了任务复杂度的高低程度，因此要研究在不同产品与服务类型中代理关系风险控制的作用，就需要把测量性和程序性两个一阶变量构成二阶变量任务复杂度。显然，任务复杂度也是一个二阶形成性构念，其关联方向由一阶变量指向二阶变量。

7.1.2 一阶变量说明

一、前因变量

控制模式指的是广泛意义上的控制概念，区分为正式控制和非正式控制。其中，正式控制区分为行为控制（BC）和结果控制（OC），非正式控制区分为基于信任的非正式控制（TC）和基于专用资产的非正式控制（SC）。

1. 行为控制：也叫作过程控制，关注的是把合适的行为转变成预期结果的过程。

2. 结果控制：也叫作绩效控制，采取绩效测量的方法对行为所产生的结果进行监控。

3. 基于信任的非正式控制：指的是在风险状态下一方以对另一方的积极期望来影响其行为。

4. 基于专用资产的非正式控制：通过代理方投入专用性资产的锁定效应来实现控制。

二、结果变量：交易绩效（EP）

根据控制的定义，有效的控制能够规避风险、提高绩效以及实现预期目标，这几乎是不言而喻的。考虑到服务外包作为一种新的商业模式出现，其初衷就是应对当前激烈的竞争环境，通过释放非核心业务，发展核心竞争力，获取竞争优势。同时服务外包也是一种服务采购，是一种供需之间的交易，因此在本研究模型中，选择交易绩效作为结果变量。

三、控制变量

根据代理理论以及供应链管理相关文献的分析，关系长度指供需双方合作的时间长短，关系长度越长，供需双方之间会营造出信任、和谐的气氛，从而代理关系风险越低，反之，则越高。而通过对控制理论应用于组织间管理文献的分析，供需方规模不同代表了力量的对比，也影响着代理关系风险的大小，因此控制变量有关系长度、供方规模、需方规模。

四、一阶测量变量

作为二阶形成性变量代理关系风险的驱动因素或来源，目标冲突和信息不对称是其一阶测量变量。同样，作为二阶形成性变量任务复杂度的决定因素，任务的测量性和程序性是其一阶测量变量，

1. 目标冲突：指合作双方利益诉求不同，无法通过实现合作利益来获取自身利益的最大化。

2. 信息不对称：指代理方由于代表委托方执行一定的工作任务，因此比委托方更了解所执行任务的相关信息。

3. 任务测量性：指所提供产品与服务的结果易于测量。

4. 任务程序性：指所提供产品与服务的过程能够预先获得双方的了解和认识。

7.2　测量模型

7.2.1　反映性构念与形成性构念

观察变量与潜在构念的关联方式有两种，决定了两种构念的形成方法：反映性构念和形成性构念（萧文龙，2012）。

1. 反映性构念，指的是通过观察变量直接反映出来的构念，其关联方向由潜在构念指向观察变量，属于单向关联性。

根据其定义，显然反映性构念的测量题项呈现构念，测量题项是可替换

的，各个题项之间具有类似性或共同性，删除题项不会改变潜在构念的限定范围，题项的改变也不会影响到构念，而变量构念改变则题项随之改变。题项之间必须具有共变性，因此改变一题项相应也需改变另一题项，题项之间必须具有相同的因果关系网络。

2. 形成性构念指的是观察变量导致的构念，其中观察变量是构念形成的动机或某种原因，其关联方向由观察变量指向潜在构念。

根据其定义，形成性构念的测量题项则定义了构念的形成原因，如果题项改变，构念也会改变，题项不具有互换性，删除题项有可能改变构念，各个题项之间不具有类似性或共同性，题项之间不一定需要共变性，因此改变一个题项不一定需要改变另一个题项，题项之间不一定需要相同的因果关系网络。

根据反映性构念与形成性构念的以上概念区别，其表现形式的差异如图 7-2 所示，其中 X 为潜在变量、Z_i 为误差，Y_i 为测量变量，所不同的是反映性测量模型中潜在变量指向测量变量，而在形成性测量模型中是测量变量指向潜在变量。而要把变量设定为反映性构念还是形成性构念，则需要由量表开发时的理论依据来决定（Bagozzi，1988）。由于形成性变量不要求题项之间一定需要相同的因果关系网络，题项也不能改变，因此没有信效度之说。

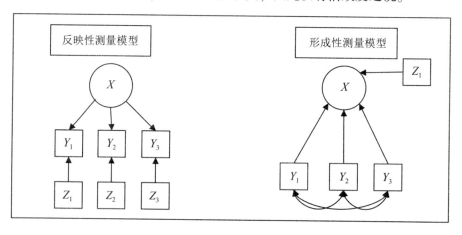

图 7-2　反映性和形成性测量模型

7.2.2　二阶反映性—形成性测量模型的设定

对于多层潜在构念模式，二阶是最基本的，根据形成性构念与反映性构念的区别，二阶潜在构念有四种组成模式：一阶反映和二阶反映模式；一阶反映和二阶形成模式；一阶形成和二阶形成模式；一阶形成和二阶反映模式。

根据理论分析，代理关系风险即代理方未来采取不合作或不努力行为的不确定性，即代理关系中发生道德风险问题的不确定性，其来源为目标冲突和信息不对称。形成性测量定义了变量的形成原因，因此代理关系风险的测量模式为一阶反映和二阶形成模式，其中一阶的反映性测量变量为目标冲突和信息不对称，二阶的形成性变量代理关系风险由目标冲突和信息不对称作为测量变量。

同理，任务复杂度的客观定义来自任务的客观属性：测量性和程序性，其测量模式同样为一阶反映和二阶形成模式，其中一阶反映性测量变量为测量性和程序性，二阶的形成性变量任务复杂度由测量性和程序性反向测量。

之所以要针对代理关系风险和任务复杂度进行二阶形成性测量模型的设定是由于其原有的反映性测量均存在一定问题，导致测量误差扩大。

一、代理关系风险的原有反映性测量

通过对有关关系风险测量的文献分析，发现现有的对关系风险的测量上一方面没有反复使用的量表，另一方面存在问题表述的敏感性。学者们对关系风险的测量五花八门，但在表述上却几乎都存在敏感性问题。

Das、Teng（2001C）以认知的关系风险进行了测量，多达 14 个测量题项，题项的表述多为敏感性问题，比如题项 3：伙伴公司会影响联盟的运营；题项 4：伙伴公司为了获取其自身利益会篡改事实；题项 9：伙伴公司的政策流程对联盟毫无益处；题项 11：伙伴公司会挪用联盟有价值的资源，等等。这种直接的反映性测量既具有不易执行性，所得到的结果也难以反映实际状况，因此 Das 和 Teng（2001C）仅用此量表测量个人年龄等特性对所认知的关系风险的影响。

Bazyar 等（2013）则采用了四个测量题项的量表，分别表述为题项 1：由于合作伙伴不守信用，我们在这项交易中投入的资源、设备、人员可能贬值；题项 2：合作伙伴的改变会导致关系中的高风险；题项 3：合作伙伴不可能完全遵守协议；题项 4：合作伙伴可能会模仿我们的管理经验与流程。同样存在敏感性表述。

Lee 和 Johnson（2010）开发了四个题项的量表，其中题项 1：我们担心伙伴公司并不完全致力于合作项目，在测试时被排除，但其他题项表述也较为敏感，例如题项 2：合作伙伴没有任何真正的责任感。

Cheng 等（2013）则基于关系风险的机会主义行为、不和谐的冲突、缺乏学习的风险以及能力缺失四个方面的表现，开发了 12 个题项的测量，测量题项也多是合作伙伴篡改事实、不守信用等敏感性表述。

郭晓阳（2012）则采用供应商的机会主义、缺乏沟通、缺乏共同目标和实力悬殊作为关系风险的四个方面测量，主要应用于已与供方发生关系破裂的需方调查，由于关系已经破裂，其测量也比较敏感，而且不适合于本书的研究情景。

总结以上关系风险的量表，针对代理关系风险的测量，当前的理论研究主要集中在委托方的反映性认知上（Das et al.，2001C）。但是代理关系风险是代理方未来行为的不确定性，而反映性的测量方式由于题项表达的限制却只能针对委托方进行测量，委托方可能会因为采取了自认为有效的治理措施而相应地认为关系风险发生的可能性下降，这就为测量误差提供了存在并扩大的条件，而纵观现有关于关系风险和机会主义的测量，均以关系风险或机会主义行为中的受损害方为调查对象，题项表达为对关系风险中的机会主义行为或不作为行为的认识。此外，选择二阶代理关系风险形成性测量模型的原因还在于代理关系风险测量的敏感性，由于询问作答方未来采取合作行为还是机会主义行为，在中国当前情景下不易得到准确的回答，问卷回收率也会很低，尤其是涉及供需配对的数据，尽管在做供需方配对时，可以采取以编号代替具体企业名称的标识方法，但是对于此类过于直白的问题需方会感到反感，而供方更会感到反感，因此仍需回避在中国情境下提出类似题项。

作为代理关系风险的核心来源，目标冲突和信息不对称属于代理关系风险构念中分属目标因素和信息因素的两个部分，适合作为二阶形成性构念的一阶测量变量应用。同时，作为代理关系风险的一阶测量变量，目标冲突和信息不对称则有成熟的量表，有大量学者反复使用，经证明均具有较高的信度与效度。

因此，基于以上测量表述以及在中国情景下针对供需双方收集数据的原因，通过分析代理关系风险的来源以二阶形成性构念进行测量，一方面可以利用成熟量表，另一方面，量表中不涉及让回答者难以作答的问项，有利于测量问卷的回收。

二、任务复杂度的原有反映性测量

根据对任务复杂度相关文献分析，发现任务复杂性的定义繁杂，测量也多种多样。

Weigelt 和 Miller（2013）根据任务复杂度关于所涉及信息量的定义（Terborg et al.，1978），对银行在线业务进行评级，得到任务复杂度的测量。

Braun 等（2010）则根据一条问项"你认为对外采购的该项人力资源功能复杂吗？"识别了任务复杂度的一阶测量变量，并通过进一步的访谈，得到任务复杂度的测量。

Tanand Kao（1999）则基于任务中知识含量的定义对任务复杂度进行了测量，主要表述为"你认为开展工作需要具备的知识程度"等。

Poppo 等（2008）则基于任务中结果测量方面的定义（Latham et al.，1975）对任务复杂度根据一条问项"你认为测量执行任务的多人集合绩效的复杂程度如何?"进行了测量。

在本研究中，由于采用了任务复杂性的客观定义（Campbell，1988），因此，在把输入变成输出的行动中，就涉及过程以及结果两个方面，而在过程方面，体现出的就是定制化还是标准化的问题，而结果方面体现出的就是模糊性还是清晰性的问题，分解成任务属性之后，复杂度的测量相对更清晰，更明了。因此，基于对任务复杂度的客观定义，通过分析任务复杂度的决定因素选择二阶任务复杂性、形成性测量模型，以符合构念的定义。同时，任务属性中的过程可程序性与结果可测量性则在组织控制研究中作为影响控制模式选择的前因变量拥有大量经过反复使用的成熟的量表，可以借鉴并修改使用，从而为任务复杂度的准确测量进一步奠定了基础。

7.3 研究假设

7.3.1 代理关系风险的中介效应

一、正式控制与交易绩效的中介

在外包中，接包方由于其专业化优势，对自己所承担的提供产品与服务的工作性质、内容与执行程度比外包方更为了解，同时接包方与发包方分属两个利益主体，分别拥有自己的利益目标。这种因建立委托代理关系而天然存在的目标不一致和信息不对称导致了委托方所面临的代理关系风险。因此要限制代理方机会主义行为，控制代理关系风险，拥有关于代理方行为的信息和促进双方目标的一致性就至关重要。而正式控制，从天性来说，就是为降低委托方与代理之间的信息或知识不对称而产生的。通过正式控制，委托方可以获取任务执行过程以及结果实现程度的信息以协调代理方的活动。例如，在物流外包情景下，通过有关结果的报告文件，委托方可以获知已到货物的及时性和成本花费情况，通过有关过程的报告文件，委托方可以追踪物流信息，并基于这些信息来调整代理方的行为，以及决定下一步合作的方向。因此，无论是采取行为控制还是结果控制，通过对代理方的行为监控和对结果的测量可以使委托方成为信息灵通的一方，从而减少信息不对称的情况（Jaworski et al.，1989）。基于此，委托方会通过投入建立信息系统以提高其搜集处理信息能力来实现有效的行为控制和结果控制（Eisenhardt，1989）。此外，采取结果控制，可以通过强调交付正确的结果校准双方目标，从而减少冲突（Killing，1983）。Poppo和 Zenger（2002）、Goold 和 Campbell（1988）和 Sitkin（1994）以及 Zu 和 Kayaz（2012）均提出结果控制具有校准目标的能力，从而能够提高目标的一致性。显然，有效的正式控制能够减少目标冲突和降低信息不对称，从而使代理方缺乏采取机会主义或不合作行为的动机和时机，降低代理关系风险。Choi和 Beamish（2004）和 Kamminga 和 Van derMeer-Kooistra（2007）均提出有效的正式控制能够使合作关系良性发展，降低不合作行为的发生，对于双方合作绩效的提高至关重要。姚靠华和蒋艳辉（2011）基于动态博弈理论指出对于关系风险中的懈怠风险，也就是代理方在合作中的不努力行为，需要加强契约管理机制，通过基于行为监管的行为控制和基于利益分配的结果控制进行风险控制。

代理关系风险的两个核心来源即目标冲突和信息不对称。委托方与代理方的目标冲突程度高，则代理方就有动机为实现自己的目标而损害合作利益来获取自身利益的最大化；委托方与代理方的信息不对称性高，则代理方就能找到时机隐藏行动，采取不合作、不努力或机会主义行为，则代理问题中的道德风险出现，合作利益尤其是委托方的利益受到侵害。因此，当目标冲突和信息不对称结合起来，代理方就有动机和时机采取机会主义行为，损害合作利益。代理关系风险指的是委托代理关系中代理方未来行为的不确定性，因此如果代理方有很大的动机和很好的时机采取机会主义行为，则代理关系风险发生的概率增加，代理关系风险所产生的不利影响是损害合作利益，导致委托方无法实现预期目标，获得所需求的绩效，而且这种不利影响具有不可逆性。因此，通过正式控制与非正式控制，降低代理关系风险发生的概率，可以有效提高交易绩效。基于以上论述，提出如下假设。

H1A：采取结果控制，以降低代理关系风险为中介，提高交易绩效。

H1B：采取行为控制，以降低代理关系风险为中介，提高交易绩效。

H1C：代理关系风险越低，交易绩效越高。

二、非正式控制与交易绩效的中介

信任指的是一方对另一方的积极期望，可以促进被信任的一方采取合作行为。Mayer 等（1995）和 Morgan 和 Hunt（1994）通过实证研究，结果表明组织成员中的信任降低了结果的不确定性，减少了机会主义行为，而且促进了合作关系的持续建立。信任是基于对方是否有公平交易和关心合作伙伴福利的社会声誉而相信对方的真诚正直和良好意图。因此代理方如果采取机会主义行为被抓住，将会遭受其值得信任的地位和声誉被重新修订的恶果。基于这种社会声誉，委托方相信代理方会真诚合作，而代理方也不会采取机会主义行为，因此信任可以降低代理关系风险（Das et al.，2001A；Poppo et al.，2008）。信任还可以是通过双方以前的合作和精细的考查计算，相信对方能够采取合适的行为交付正确的结果。基于这种计算型信任，委托方会采取支持、共享的态度，促进代理方采取合作行为，发挥其知识能力。姚靠华和蒋艳辉（2011）通过动态博弈分析方法得出通过基于信任的非正式控制，扩展沟通渠道和加强声誉影响，能够有效降低服务外包项目中关系风险中的懈怠风险。

信任能够发挥这种作用的机理是：基于信任所发生的行为是社会价值和规范约束的结果，因此基于信任的非正式控制会改变被信任方的行为，从而改变资源优势或控制权的转移，促使被信任方采取合作的而非机会主义的行为（Gambetta，1988；Coleman，1990；McAllister，1995），这种行为的改变和合作的进展有助于双方回报的提高，甚至获得超出理性计算范畴的收益。基于信任的非正式控制能够促进双方的知识分享，降低因谈判和签订合约造成的交易成本，提高信息的对称性，也能控制机会主义行为，降低代理关系风险（Das et al.，2001A）。此外，基于信任的非正式控制也能够通过沟通、参与促使代理方的目标内在化，提高双方的目标一致性。信任能够提供一种校准激励与目标的手段，可以有效控制自私自利行为（Poppo et al，2008）。因此信任也能通过减少信息不对称性和目标冲突，降低代理关系风险，提高交易绩效。

专用资产的投入作为消耗性资源，一旦关系中止，将成为沉没成本，计入交易成本，因此代理方针对与委托方交易投入的专用资产可以对代理方产生锁定效应，促使代理方采取合作行为，保证其自我控制和合作的持续，同时发出关系持续的承诺，与委托方构建紧密的关系，反过来进一步限制其机会主义行为，从而提高双方的合作效率。Heide 和 John（1990）提出专用性资产的投入可以应对不确定性，降低代理方未来行为的不确定性，从而获取绩效。Logan（2000）提出委托方可以通过促使代理方投入专用性资产，提高其契约成本，以消耗性资源的锁定效应削减代理方采取机会主义行为的可能性。基于以上论述，提出如下假设。

H2A：采用基于信任的非正式控制，以降低代理关系风险为中介，提高交易绩效。

H2B：采用基于专用资产的非正式控制，以降低代理关系风险为中介，提高交易绩效。

7.3.2 任务复杂度的调节效应

一、调节正式控制与代理关系风险的关系

当需方需求的是高端产品与服务时，任务复杂度较高。Alchian、Demsetz（1972）指出当报酬与绩效不能有效连接，也就是说不能有效测量绩效并相应支付正确的报酬，市场机制无法获得成功。因此对于高复杂度的任务，由于团队合作或结果指标不明确、相互冲突等问题造成代理方交付的结果难以准确测量时，采取结果控制可能会因为不准确的测量以及难以剔除那些并非代理方不努力所形成的结果导致错误支付或奖罚，由此降低结果控制对代理关系风险的效果（Sharma，1997）；相应地由于测量因素的影响，代理方需要随时调整服务的流程以应对结果指标的变更和团队合作的需要，由此采取行为控制同样会造成错误支付或奖罚，而降低行为控制对代理关系风险的效应。同样，对于高复杂度的任务，由于定制化和创新性使委托方无法预先明确代理方合适的行为时，采取行为控制可能会由于对合适行为监控不全面、无法明确代理方合适的行为而降低行为控制对代理关系风险的效果；相应的，在定制化和创新性服务中，由于添加了大量知识因素，导致"软结果"的产生，同时双方密切的互动导致结果难以评估，由此降低了结果控制对代理关系风险的效应。Sharma（1997）也指出即使采取结构良好的行为控制和结果控制，在复杂性任务中，代理方可能会利用其知识的优势在一些重要但委托方较难发现的领域采取机会主义行为。基于以上论述，提出如下假设。

H3A：任务复杂度越高，结果控制降低代理关系风险的效应越弱。

H3B：任务复杂度越高，行为控制降低代理关系风险的效应越弱。

二、调节非正式控制与代理关系风险的关系

显然，当任务复杂度较高时，既无法有效监控代理方的行为，也无法有效测量行为的结果，此时采取基于信任和基于专用资产的非正式控制作用非常重要。Uzzi（1997）指出当面对更复杂、更定制化的交易时，非正式控制能够通过提供有效的协调、沟通以及团队化的合作而促使对方采取合作行为。其中，基于信任的非正式控制通过关系规范与价值观的统一对控制代理关系风险发挥

作用。信任暗示了一种互惠互利，能够鼓励对方提供一些实质性资源和及时准确的信息来提高合作利益（Krishnan et al.，2006）。因此，针对复杂性任务，委托方与代理方之间不仅仅是信息的不对称，更重要的是知识不对称，在这种情况下，即使能够通过构建信息系统或者购买信息来降低信息不对称性，但知识的不对称却无法降低，而信任却可以通过鼓励对方采取合作行为来实现知识的转移。另一方面，针对复杂性任务，其定制化的特点，使该任务的执行需要双方团队合作，密切沟通，而只有在信任的基础上，才能建立一种团队合作的文化，保持顺畅的沟通渠道，从而促进代理方采取合作行为。此外复杂度较高的任务，往往是供方的核心资源，作为其核心竞争力，提供此类服务受到第三方评价和社会声誉等社会规范与价值的影响最大（Sharma，1997），需方此时采取基于信任的非正式控制更能加强其内在动机，影响其行为，促进合作，降低代理方采取机会主义行为的可能性。因此对于复杂性任务，采用基于信任的非正式控制能进一步降低其代理关系风险。

基于专用资产的非正式控制则是通过专用资产的锁定效应发挥作用，其机理在于专用资产一旦挪作他用所造成的损失，使投入大量专用资产的代理方期望持续合作，发出持续性承诺或情感性承诺，从而加强双方的紧密关系，促使代理方采取合作行为（Sharma，1997）。因此对于复杂性任务，当委托方既无法有效监控行为也无法有效测量结果时，会通过促使代理方大量投入专用性资产，培育双方紧密的关系，使代理方在权衡采取机会主义被委托方发现而中止交易造成的专用资产损失与机会主义行为所产生的收益时，认为损失大于收益，因此会选择采取合作行为，从而通过专用资产的锁定效应进一步降低代理关系风险发生的可能性（Sharma，1997）。此外，针对复杂性任务，代理方也需要投入大量专用性的知识资本以及定制化的专用资源，才能促使委托方相信其有知识能力承担该项任务，并且真正提高供应链绩效，实现委托方的目标需求，从而促进自己社会声誉的进一步提高，相应地，代理方将进一步被锁定在此交易中，从而采取合作行为。基于以上论述，提出如下假设。

H4A：任务复杂度越高，基于信任的非正式控制降低代理关系风险的效应越强。

H4B：任务复杂度越高，基于专用资产的非正式控制降低代理关系风险的效应越强。

7.3.3　非正式控制对正式控制的补充作用

在外包关系中，由于保持重复性交易，一份基于行为或基于结果的正式合同是必须的，在此基础上，采取相应的行为或结果控制以保证合同的有效执行，以及构建合作关系，采取合作机制进行治理（Madhok，1995；Ferguson et al.，2005）。因此基于正式合同的正式控制是交易的基础，而基于信任、专用资产的非正式控制则是正式控制的补充，根据关系的构建、控制的需要而决定是否添加。基于此，本书主要关注非正式控制对正式控制的补充作用。并通过验证正式控制是否通过非正式控制对降低代理关系风险产生间接效应，来证明该补充作用。

一、信任对正式控制的补充作用

采用行为控制，委托方关注的是代理方是否采取了合适的行为。委托方通过对代理方行为的监控而了解掌握代理方的行为，因此行为控制加强了信息的可视性，促进了信任的产生（Poppo et al.，2002）。同时，Mouritsen et al.（2001）和 Langfield-Smith et al.（2003）也认为行为控制会增加过程的透明度，不仅影响到组织间的关系，而且促进共同价值观的建立和双方关系的透明度，从而促进了信任的产生。此外，信任能够减少对合作的抗拒，提高供需关系的和谐度，如果缺乏了信任，代理方会质疑委托方采取行为控制是由于不信任其知识能力而在遵循预设定的行为模式以及分享知识方面产生抵抗，从而降低行为控制的效果（Das et al.，2001A）。结果控制致力于校准双方目标，促进双方合作，而目标的一致性可以促使信任产生（Poppo et al.，2002）。同样缺乏信任也会造成代理方质疑委托方采取结果控制仅仅是为了其一己私利，而非合作利益，从而在促进正确结果产生以及价值分享方面产生抵抗，采取机会主义行为，降低结果控制效果（Das et al.，2001A）。因此信任可以作为补充，使合作双方倾向于互相包容而减少报复的机会，从而能够使行为控制和结果控制借信任的力量，发挥更大的效果。Goold and Campbell（1988）和 Sitkin 等（1994）指出行为控制中客观的规则和流程规定能够为那些可以遵守规则的公司构建追踪记录，而结果控制中客观、清晰的测量同样能够为那些可以良好执行任务的公司构建追踪记录，基于这些追踪记录委托方对代理方可以产生信任，促成之后的合作。因此当前的合作能够加强对未来合作的期望（Larson，1992）。基于此，提出如下假设。

H5A：行为控制对基于信任的非正式控制有积极作用。

H6A：结果控制对基于信任的非正式控制有积极作用。

二、专用资产对正式控制的补充作用

采用基于专用资产的非正式控制，通过强调双边主义的治理机制，培育双方紧密的关系，从而能够弥补正式控制的局限性，有效应对合作中的变化与冲突（Poppo et al.，2002）。Das、Teng（2001A）也指出双方良好的关系，可以通过加强沟通与协调提高行为控制和结果控制降低代理关系风险的作用。另一方面，利用代理方投入专用资产的锁定效应，委托方可以针对行为控制的监控和结果控制的测量提高威慑效果，从而对行为控制和结果控制在降低代理关系风险的效应上起到补充作用。例如委托方采取行为控制或结果控制，与代理方约定如果发生未能按时送达货物或未按规定的流程开展业务等情况一定次数则中止交易，在代理方投入专用资产的情况下，代理方会衡量其采取机会主义行为被抓住所造成的专用资产损失大于收益，而采取合作行为，使结果控制与行为控制发挥更大的效果。同时，采用行为控制和结果控制也能通过对流程的设定与关注中以及对结果的强调和促进中，发现有助于任务顺利执行的互补资源，而且更容易区分得到服务结果所需要的重要资源，促使代理方投入更多的专用资源（Shah et al.，2008）。例如在冷链物流中，通过行为控制和结果控制，发现在运送过程中不仅需要低温，而且还需要保持温度的恒定才能保证食品的新鲜，因此会通过正式文件要求或通过非正式手段鼓励代理方投入专用的技术设备或专业人员以进行控制。反之，如果代理方不愿意投入专用资产，可能会因为明知无法遵循预设定的流程或难以交付正确的结果而采取机会主义或不合作行为，以实现利益的平衡。基于此，提出如下假设。

H5B：行为控制对基于专用资产的非正式控制有积极作用。

H6B：结果控制对基于专用资产的非正式控制有积极作用。

7.3.4　正式控制与非正式控制的补充作用

一、结果控制与行为控制的补充

结果控制关注代理方所交付的结果，而行为控制关注的是合适的行为转变成预期结果的过程，但是，不管是关注行为，还是关注结果，最终目标都是要满足双方合作的目标需求，也就是实现预期结果。因此结果控制可以作为外包中多多少少都会存在的一种控制模式，与行为控制以相互补充的关系降低代理关系风险。而且结果控制与行为控制绝不是非此即彼的关系，在特定条件下有时两种、有时任意一种、有时只有一种可能被应用（Jaworski et al.，1989）。而行为控制和结果控制的组合使用，也能有效降低代理关系风险，说明两者是以相互补充的关系组合作用于代理关系风险。采取行为控制面临着信息不对称和高额监控成本的矛盾，而采取结果控制则面临着结果测量以及剔除代理方努力而未产生正确结果之间的矛盾（Sharma，1997）。要有效解决前一矛盾，就需要采取结果控制，通过校准目标，促进双方目标的一致化，从而使代理方主动分享信息以降低双方信息不对称，促进行为控制发挥效果；要解决后一矛盾，就需要采取行为控制，发现代理方在采取合适行为以实现预期结果过程中的不可控因素，只有剔除这些因素，才能更全面地测量结果，发挥结果控制的效果。基于此，提出如下假设。

H7：行为控制与结果控制以相互补充关系作用于代理关系风险。

二、信任与专用资产的补充

基于专用资产的非正式控制，以代理方投入专用资产的锁定效应来实现控制，其原因就在于专用资产可以培育委托方与代理方之间紧密的双边关系。显然，代理方通过投入专用资产，发出持续和情感的承诺，从而获得委托方的积极判断，因此代理方专用资产的投入，能够促进信任的产生（Morgan et al.，1994）。显然，如果双方在发现能够促进正确结果交付的重要资源时，代理方不愿意投入专用资产，委托方可能会质疑代理方并非真诚合作或并不是真正致力于该项交易，从而破坏双方的关系，造成冲突，使代理关系风险的可能性上升。实际上，代理方之所以要投入专用资产这种消耗性资源，花费契约成本，为的是让委托方相信其承诺（Sharma，1997）。因此，如果没有委托方的信任，专用资产的投入就没有实现代理方采取此行动的初衷，代理方会寻求机会进行成本转嫁，采取机会主义行为以获取利益的平衡。同样，委托方要使代理方投入专用资产，将代理方锁定在此交易内，从而控制代理方的机会主义行为，需要通过信任促进代理方目标的内在化，使代理方采取合作行为，并基于挖掘委托方的潜在需求、提高服务绩效的需要投入更多的专用性资产，从而进一步被锁定在此交易中，不得不采取合作行为。基于此，提出如下假设。

H8：专用资产与信任以相互补充关系作用于代理关系风险。

7.3.5　效用比较

一、结果控制与行为控制的对比

结果控制更加强调交付正确结果的重要性，在控制的过程中，结果控制注重校准双方的目标，提高双方目标的相对一致性，从根源上降低代理关系风险的概率，因此，结果控制比行为控制更能保证代理方按委托方的利益行动（Jensen et al.，1976；Eisenhardt，1989）。而行为控制更加强调遵循规范和流程、采取合适行为的重要性，在控制的过程中，通过对行为的监控降低信息的不对称性，从另一个根源上降低代理关系风险的概率。但是结果控制通过目标的一致性能够促进代理方主动分享信息，同样可以降低信息的不对称性，而行为控制则是通过委托方建立信息系统提高信息搜集处理能力来降低信息的不对称性。因此通过对目标冲突和信息不对称两个代理关系风险来源的共同作用，结果控制比行为控制在降低代理关系风险方面作用更大。基于此，提出如下假设。

H9：结果控制比行为控制更能降低代理关系风险

二、信任与专用资产的对比

基于信任的非正式控制更加强调社会规范及分享共同价值和观念的重要性，因此在控制过程中，代理方是基于对社会规范与价值的认同而调整自身目标，从而实现目标内在化，采取合作行为（Morgan et al.，1994）。而基于专用资产的非正式控制更加强调代理方由于担心委托方觉察其机会主义行为而中止合同造成其投入专用资产的损失而被迫采取合作行为（Sharma，1997）。自主自发的合作行为比被迫的合作行为更能降低代理关系风险的概率。基于此，提出如下假设。

H10：信任比专用资产更能降低代理关系风险。

综上所述，模型中所包含的研究假设有 17 条（如表 7-1 所示）。

表 7-1　研究假设

编号	内容
H1A：	采取结果控制，以降低代理关系风险为中介，提高交易绩效
H1B：	采取行为控制，以降低代理关系风险为中介，提高交易绩效

续表

编号	内容
H1C：	代理关系风险越低，交易绩效越高
H2A：	采取基于信任的非正式控制，以降低代理关系风险为中介，提高交易绩效
H2B：	采取基于专用资产的非正式控制，以降低代理关系风险为中介，提高交易绩效
H3A：	任务复杂度对结果控制与代理关系风险的关系有正向调节作用
H3B：	任务复杂度对行为控制与代理关系风险的关系有正向调节作用
H4A：	任务复杂度对基于信任的非正式控制与代理关系风险的关系有负向调节作用
H4B：	任务复杂度对基于专用资产的非正式控制与代理关系风险的关系有负向调节作用
H5A：	行为控制对基于信任的非正式控制有积极作用
H5B：	行为控制对基于专用资产的非正式控制有积极作用
H6A：	结果控制对基于信任的非正式控制有积极作用
H6B：	结果控制对基于专用资产的非正式控制有积极作用
H7：	行为控制与结果控制以相互补充的关系作用于代理关系风险
H8：	基于专用资产与信任的非正式控制以相互补充的关系作用于代理关系风险
H9：	结果控制比行为控制更能降低代理关系风险
H10：	基于信任的非正式控制比基于专用资产的非正式控制更能降低代理关系风险

第8章　量表与数据

研究量表是测量变量的关键工具，量表是否能够表达变量真正的构念直接影响到研究的结果，因此无论是选用成熟的量表还是开发新量表都要十分谨慎。本章根据文献分析针对部分变量选择一些相对成熟的量表，并在成熟量表基础上针对本研究所采用的全球供应链与外包情景进行相应修改；对于那些尚没有成熟量表的变量，则将现有不成熟的量表进行合并、增删，力求综合各量表对构念不同侧面的反映，形成可以全面反映构念的量表。同时，针对通过反映性量表测量存在敏感性的代理关系风险变量，以及由于多重定义导致多重表现的任务复杂度变量，设定了二阶反映性—形成性测量模型，分别采用两阶段测量方法和重复测量方法进行测量。以上所修改和开发的量表，均经过专家咨询和半开放问卷进行再修正后使用。数据收集是针对国际物流服务供应链网络中供需企业同时展开调查，因此，一个物流服务供应链网络可以有多条交叉的外包关系，也就有多项供需配对数据，通过供需配对数据可以避免同一来源误差，同时也可以对供需关系提供多侧面的了解。

8.1　量表开发

8.1.1　初始量表形成

本研究选用李克特五点量表来测量所有构念，题项全部表达为对现象的感觉、态度和认识，因此其中 1 代表非常不同意，5 代表非常同意。

在构念设定和生成题项的过程中，本研究首先进行了大量的文献综述，在文献综述中加深对相关变量的理解。其中代理关系风险为二阶形成性变量，其一阶变量由风险来源目标冲突和信息不对称组成。目标冲突来自 Jap 和 Anderson（2003）、Jap（1999，2001）等，信息不对称来自 Gao 等（2005）、Heide 和 John（1992）、等，任务复杂度也是二阶形成性变量，一阶变量由其决定因素：测量性和程序性的反向变量组成。测量性和程序性来自 Goodale et al.（2008）、Anderson（1985）等。而在前因变量中，行为控制和结果控制两种正式控制来自 Kirsch（1996）和 Kirsch 等（2002），信任、专用资产等非正式控制则来自 Zaheer et al.（1998）；Cai et al.（2010）；Anderson（1985）；Artz 和 Brush（2000）。交易绩效则来自 Poppo 和 Zenger（1998），Goodman 等（1995），Mohr 和 Spekman（1994）等。以上一阶构念均为反映性构念。构念来源与测量来源如表 8-1 所示。

表 8-1　变量的构念与测量

变量	构念来源	测量来源
目标冲突	Eisenhardt（1989）；Robinson 和 Malhotra（2005）；Romano 和 Vinelli（2001）；Rungtusanatham et al.（2007）；Zsidisin 和 Ellram（2003）；Zsidisin 和 Smith（2005）	Morgan 和 Hunt（1994）；Hinds 和 Mortensen（2005）；Lusch（1976）；Wilkinson（1981）；Jap（1999，2001）；Jap 和 Anderson（2003）
信息不对称	Carr 和 Kaynak（2007）；Eisenhardt（1989）；Flynn（2005）；Robinson 和 Malhotra（2005）；Rungtusanatham et al.（2007）	Cai et al.（2010）；Carr 和 Kaynak（2007）；Gao et al.（2005）；Doney 和 Cannon（1997）；Heide 和 John（1992）
测量性、程序性	Ouchi（1979）；Eisenhardt（1989）；Zsidisin 和 Smith（2005）；Beamon（1999）；Eisenhardt（1989）；Rungtusanathamet al.（2007）	Goodale et al.（2008）；Stroh et al.（1996）；Nidumolu 和 Subramani（2003）；Kirsch（1996）；Morgan et al.（2007）
结果控制、行为控制	Arrow（1985）；Ouchi（1979）；Eisenhardt（1989）；Jensenand Meckling（1976）；Das 和 Teng（1998，2001a）；	Goodale et al.（2008）；Strohet al.（1996）；Nidumolu 和 Subramani（2003）；Kirsch（1996）；Morganet al.（2007）；Kirsch et al.（2002）；Snell（1992）
信任	Das 和 Teng（1998，2001a）；Sako（1992）；Nooteboom（1996）	Zaheer et al.（1998）；Cai et al.（2010）
专用资产	Williamson（1975，1981，1985）	Anderson（1985）；Artz 和 Brush（2000）
交易绩效	Goodman et al.（1995）；Mohr 和 Spekman（1994）	Poppo 和 zenger（1998，2002）；Goodman et al.（1995）；Mohr 和 Spekman（1994）

首先，针对以上构念来源与测量来源进行逐项分析对比，选择其中信效度较高的量表综合生成初始题项。

其次，针对初始题项采用回译相对比的方式，回译相对比即把国外已有文献量表翻译成中文后，再译回英文，两种版本相对比确定最终释义，其目的是保证题项的表述符合中国企业内相关管理和业务人员的表述习惯，使填写问卷者能够较为容易地理解题项。

第三，采用专家咨询的方式，一方面向企业管理领域的学者咨询，另一方面向企业内物流管理方面的专业人员咨询，其目的是保证所生成的题项语境符合我国企业经营情况，使题项表述符合企业现实。

通过以上三种量表生成及完善方式，生成初始量表在不断增加文献分析的基础上，对构念的理解也在不断加深，各相关题项的表述也在不断完善。

8.1.2 正式量表形成

初始量表生成后，需要进行预测试。预测试按照正式问卷调查的方式进行，只是数据收集相对规模较小，其目的是确定同一构念下的题项是否有区分度，题项的表述有没有问题，问卷回答者对题项的理解程度与预期是否有差异。在此项工作中，通过个人关系选择了一家进口化工原料的第三方物流供应商进行初步收集数据，并利用其交易关系向其上游和下游企业延伸，共收集到60 份问卷。针对这 60 份问卷样本，开展了预测试工作，对研究基本指标进行了分析，在此基础上，又进行了一些细微调整，最终正式量表生成。

1. 交易绩效

交易绩效也就是管理一项交易的成果。其测量较难得到，这是因为简单的会计测量不可能涉及结果的质量，也不可能提交得出一项交易的财务账簿文件（Poppo et al.，1998）。针对这方面的测量一直都比较狭少，一般是交易过程中协商成本之类，而在这里需要的是广泛的测量，能够全面体现绩效的情况，并且能区分出代理方是否意识到预先设定的绩效期望，也能区分出客户需求和外包结果适配的水平，即外包成功与否（Hsu et al.，2006）。客户满意度在代理方的测量则代表了对预期绩效的认识，而在委托方即客户方面的测量则代表了客户需求与外包结果适配的水平。

在客户满意度的测量方面，一般包括成本满意度、质量满意度和反应满意度（Poppo et al.，1998；Goodman et al.，1995；Mohr et al.，1994）。总的来看，客户满意度的评价指标也主要集中在质量、成本、运作效率即反应等方面。该题项从需方测量，对于需方，交易绩效为满意度的自我感知，具体测量条目包括：①该供应商提供的服务保质保量，达到了贵单位的预期目标；②该供应商对贵单位的需求总能快速反应，使得贵单位物流运行有序有效；③因与该供应商的合作，使得贵单位的物流成本得以控制；④贵单位对与该供应商合作的现状感到非常满意。

2. 结果控制和行为控制

Kirsch 等（2002）从客户方角度讨论了在信息系统外包中的正式控制与非正式控制，其中正式控制包括结果控制和行为控制。结果控制的属性包括：任务的预期结果可以测量；控制者评估被控制方执行任务的结果符合要求的程度；变动化的报酬与执行任务的结果有明显联系。行为控制的属性包括：把输入转化为输出的行为可以监控；控制者控制和评估被控制方的行为；变动化的报酬与行为有明显联系（Kirsch，1996）。尽管在用于测量客户对外包项目的控制时，信度分别只达到 0.65 和 0.69，低于 Nunnally（1978）规定的 0.70 的限制，但还是处于可接受水平。行为控制的测量包括行为是否可以预先设定以及行为与报酬的链接两大项；相应结果控制的测量也包括结果可以预先设定和结果与报酬的链接两大项。Goodale 等（2008）基于专业服务公司控制的情境以及 Krafft（1999）基于销售人员和团队控制的情境下对结果控制和行为控制的测量，均强调的是报酬与行为或结果的链接，认为关于行为与结果是否可以预先设定，与程序性和测量性两个变量的构念存在同义反复，但考虑到报酬相关项一般只在合同中出现，遗漏了其他正式书面文件的相关性，因此测量题项仅保留了第二项行为或结果被监控或测量的程度。结果控制与行为控制从需方进行测量，指需方采取的实际行动。

3. 信任

Morgan 和 Hunt（1994）提出了信任的测量量表，Golicic 和 Mentzer（2006）在之后的研究中引用了该量表。Zaheer 等（1998）也做出了一个信任测量量表，无论是哪种量表，均认为信任是对对方的一种积极判断，是一种情感的积累，从善意信任和计算型信任角度提出了三条测量题项：对方是真诚值得信任的；与对方谈判过程中对方是公平的；对方能够正确地做正确的事，Goo 等（2009）引用该量表论证了合同的服务要求与关系治理共同对关系绩效信任的促进作用，而 Cai 等（2010）引用了该量表论证企业间的信息分享。而根据信任的相关分类，Das 和 Teng（2001A）、Sako（1992）、Zucker（1986）都提出了以合同信任和能力信任为主的计算型信任，因此综合上述文献引用量表及定义，添加部分计算型信任的测量题项，并修改表述方式用于测量外包情境下需方对供方的信任。

4. 专用资产

Artz 和 Brush（2000）测量了物质、人力和时间专用资产，与 Anderson（1985）一致，设定了包括物质、人员、知识和培训方面专用于核心客户的题项，例如：为建立、维持与该客户合作关系已投入了大量资源和人力，包括：工具设备、时间金钱和专业技术，信度达到 0.80，在本研究中，由于除以上有形和无形的专用资产外，还涉及关系专用资产，因此根据关系专用资产所表达的承诺属性，以承诺的三个标准：投入度、持续性和一致性进行测量（Kumar et al.，1995）。综合有形、无形和关系专用资产的投入，修改题项的表达方式使其适合外包情境，并用于测量需方所认知的供方投入专用资产的程度。

5. 程序性与测量性

这两个变量的构念均来自 Eisenhardt（1989）的论述，Goodale 等（2008）对这两项的测量均源于此。其中程序性低指任务不是标准化服务，在各个服务对象之间是有明显差别，供方需要根据需方的特定需求特殊制订不同的工作流程。而测量性低则指一项任务需要长时间完成，或团队合作时，需方不能很容易地评定该供应商工作的好坏程度或者不能很容易地确定自己是否从该供应商处得到了好的服务。尽管 Goodale 的这两项测量信度都达到 0.72，但考虑到题项偏少，根据 Krafft（1999）和 Anderson（1985）关于销售人员和团队控制研究中这两项的测量，在程序性中又添加了两个题项：采购的服务属于该供应商例行业务，服务过程中日常活动占据了很大比例；对该供应商提供服务全过程可以进行清晰定义和描述，服务复杂度不高。在测量性中添加了一个题项：现有指标足以公平测量该服务的全面绩效。综合这两种测量，最后形成程序性与测量性的测量题项。由于任务由供方执行，因此从供方测量，会对任务属性有一个更准确地测量。

6. 目标冲突

根据 Jap（1999）关于目标一致性的测量，其强调了目标的兼容性和同一性，还强调了双方对合作目标共同的理解和观点，双方合作宗旨的匹配性和互相支持性。之后，Jap（2001）、Jap 和 Anderson（2003）、Hinds 和 Mortensen（2005）均采用了这一测量。Rossetti 和 Choi（2008）对目标一致性定义为合同条文使代理方满意的能力，而代理方满意合同中有关报酬支付与约束条款的主要内容，就会体现出支持性和匹配性。由于目标冲突属于代理方关系风险的来源，因此从供方的测量将会更准确地反映出代理方采取机会主义行为的不确定性程度，为保证在中国情境下测量的准确性和作答率，所有题项均为目标冲突的反向表述，实际上测量的是目标一致性。

7. 信息不对称

根据 Eisenhardt（1989）对信息不对称的定义，信息不对称指委托方不能准确地知道代理方正在做什么。这种行为的不可观测性来自多个方面，包括代理方隐藏信息或行动，委托方的观测能力和观测意愿等。Heide 和 John（1992）从信息分享的概念对信息不对称进行了测量，之后 Cai 等（2010）也纷纷采用这种测量工具，因此，本研究也采取该测量，但在测量题项的表达上进行修改加入委托方的观测能力和观测意愿导致的信息不对称因素，基于与目标冲突一样的原因，该变量也属于代理关系风险的来源，因此，供方的测量能够更准确地表达该内容，为提高作答率，题项同样设定为信息不对称的反向表述，即测量的是信息对称性程度。

综合分析以上量表的内容与形成过程，该量表主要是沿袭原有文献的成熟测量，对于题项较少的增加部分测量题项以满足因子旋转的需要。依据参考文献对测量的理论分析和添加题项的理论分析，以上变量均由题项呈现潜在构念，即均为反映性构念。

8.1.3　二阶反映性—形成性模型的测量方法

对于一阶反映和二阶形成模式，可以采用重复性测量方法和两阶段测量方法，但在一般情况下最好采用重复测量方法（萧文龙，2013）。重复测量方法使用时需要判断高阶部分是属于内模式的结构部分还是外模式的测量部分，而且重复测量方法会引起残差的人为相关（Becker et al.，2012）。因此，当二阶的反映性—形成性变量在外生位置时不存在这种判断和相关问题时，完全可以采取重复测量的方式。但是当二阶变量处于内生位置时，由于一阶变量已经解释了二阶变量的所有变异，此时 R^2 等于 1，别的前因变量就不能解释二阶变量的任何变异，因此，这些前因变量到二阶变量的所有路径系数为零，且不显著（Ringle et al.，2012；Wetzels et al.，2009）。要改变这一状况，就必须采用两阶段法（two stage）处理这类高阶变量为形成性变量且处于内生位置时的测量问题。

根据以上分析，结合本研究中的模型设定，二阶反映性—形成性变量任务复杂度为调节变量，处于外生位置，因此，可以采用重复测量方法进行测量，二阶反映性—形成性测量模型重复测量方法如图 8-1 所示。其中，由于重复测量方法要求所有子构念的测量题项数相等，以避免进行计算时导致误差，因此删除了程序性内与标准化相对应的反向测量题项定制化，使程序性和测量性均以三条题项测量，以保持两个子构念的平衡性。而代理关系风险同样为二阶反映—形成性变量但处于内生位置，其还有正式控制与非正式控制作为前因变量，因此要采用两阶段法进行测量，两阶段测量方法如图 8-2 所示。

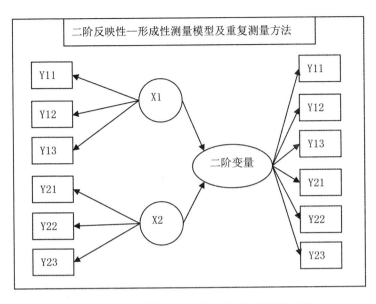

图 8-1 二阶反映性—形成性模型重复测量方法

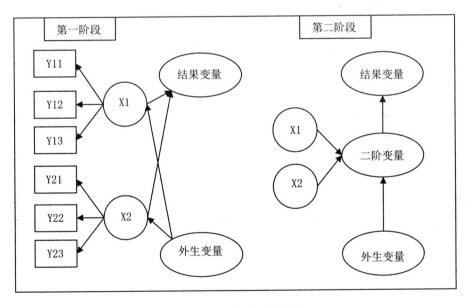

图 8-2 两阶段测量方法

8.2　数据收集

8.2.1　数据的来源

本研究调查问卷是以中国人民大学商学院国际物流服务外包调查项目的名义由合作企业发送给关键信息提供者来填写回答的。供方问卷与需方问卷共同的部分包括两个部分：第一部分是企业的基本情况，包括企业员工数量，与对方企业合作时间等；第二部分是关键信息提供者的基本情况，包括职务以及对合同与关系的了解程度。供需方问卷不同的是供方问卷测量代理关系风险与任务复杂度，包括目标冲突、信息不对称性、测量性、程序性四个一阶变量；需方问卷测量控制与绩效，包括两项正式控制，两项非正式控制和交易绩效。

本研究主要的调研区域分布在海南省、北京、上海、福建泉州和广东广州，涉及国外企业的调查，则由其国内合作企业送达，并不再做进一步延伸。部分问卷调查时间从 2012 年 11 月在上海调研化工原料物流供应链开始，直到 2013 年 10 月在海南省调研快速消费品物流供应链，历时 11 个月，在这 11 个月内，我们对两个物流供应链网络内的多家化工生产贸易企业、快速消费品生产销售企业与多家物流服务集成商，多家物流服务集成商与多家物流服务分包商进行供需配对的大样本问卷调查，其中考虑到目标冲突与信息不对称的变动因素，部分供需配对企业分半年收集一次数据，在整个数据收集期收集两次问卷。问卷由合作企业送达交易对方的关键信息提供人对问卷进行作答，而在送达时，就由合作企业对关键信息提供人进行了相关填答问卷要求的说明。本研究在数据收集方面采用的"关键信息提供者"方法是由 Segars 和 Grover 于 1998 年提出的。在访谈环节，目标反应者就已经承担了关键信息提供者的角色，根据自己所处的组织属性提供信息。因此，如果信息提供者缺乏对交易关系相应的了解，就会造成偏差，影响研究的正确结果。为此，就不仅要确定企业之间在积极地构建和管理外包关系，而且最关键的是确定关键信息提供者对外包活动和合同有关信息的了解。例如原始量表中包含了竞争绩效的测量，其初始设置考虑到外包的目的就是发挥核心能力，提高竞争优势，因此需方竞争绩效的提高应是外包关系获得有效控制的验证，但是通过预测试，发现部分关键信息提供者尤其处于底层管理者的业务主管对于此项信息不甚了解，因此，在正式测试中将其删除。

根据数据显示，分别确定了信息提供者所处不同职位的清单和分布，包括公司所有者、主管业务副总及以上、部门经理、业务主管及其他（如表 8-2 所示）。基于此，针对供需配对企业第一次数据收集共回收 66 份问卷，半年后又针对部分配对企业进行数据调查，第二次测量共回收数据 60 份，包括第一次测量的 66 份数据，共回收 126 份数据。

表 8-2　反应者的职务统计分析（数量：126 份）

职务	数量（个）	比例（%）
公司所有者	3	2%
主管业务副总及以上	24	19%
部门经理	40	32%
业务主管	54	43%
其他	5	4%

8.2.2　数据的处理

　　在采取初步措施以确保选择得当之后，本研究还在问卷中设计了正式检查环节以测试问卷填写者是不是关键信息提供者（Kumar et al.，1995），这个正式检查环节验证了信息提供者的质量，包括两个测量题项：充分了解与对方有关合同执行情况；充分参与到与对方相关的事务处理之中。同样采取 5 点 Likert 量表进行测量，其均值分别为 4.00 和 4.14（如表 8-3 所示），表明问卷回答者是适合的选择，因此针对供需配对企业两次测量回收的共 126 份问卷全部采纳。

表 8-3　反应者关键信息统计分析（数量：126 份）

题项	均值	标准差
充分了解与对方有关合同执行情况	4.00	0.04
充分参与到与对方相关的事务处理之中	4.14	0.08

　　此外，无响应偏差（No-response bias）一直是问卷调查研究方法的固有局限性，无响应偏差效应分两种：无响应率效应以及响应者和未响应者之间的差异效应。所造成的影响一是样本量较少，从而降低了总体估计的准确性，二是产生误差，扭曲问卷调查的结果。为了避免无响应偏差的出现，一种方法就是降低无响应的比率，尽最大可能回收问卷，提高问卷回收率。一般来说，问

卷回收率应达到60%，则可以认为无响应偏差得到有效控制，不会影响数据的分析结果（Armstrong et al.，1977）。此外，可以通过外推法（extrapolation methods）来检验无响应偏差是否存在，从而决定对数据是使用还是废弃。本研究中问卷是分两批发放，第一批回收问卷66份，回收率为68%，第二批回收问卷60份，回收率为62%，均大于60%，根据上述经验值，应该属于可接受范围内。使用外推法对两批次数据进行检验，发现关键变量数据没有显著差异，因此数据可以用来做进一步分析。

8.3 信度与效度检验

在本研究中，主要应用验证性因子分析和探索性因子分析先进行第一步的信度与效度检验，在初步验证信度与效度符合相关要求之后，基于形成性构念的选择使用，接着用偏最小二乘法在Smart—PLS中对外模式进行了进一步的信效度检验，在两者均符合信效度要求的情况下采信Smart-PLS输出结果。

8.3.1 信度的验证

Nunnally（1994）指出当Cronbach's alpha大于0.7的时候，量表的信度在可接受的范围内。根据这一标准，尽管任务测量性和行为控制的测量稍低，但根据Nunnaly早期的论述，Cronbach's alpha大于0.5也是一个可接受的数值，因此本研究量表在测试数据下具有一定可接受的信度。

此外，组合信度（composed reliability）指标则是判定量表信度的另一项量化指标。根据Smart-PLS输出结果，不同变量的组合信度（CR）如表8-4所示，组合信度高于0.70也被认为是具有较好的信度（Fornell et al.，1981），在本研究数据中，所有变量的组合信度均高于0.7，因此该量表的信度较好。

表8-4 量表Cronbach's alpha信度

变量	题项数	Cronbach's alpha	组合信度
目标冲突	5	0.812	0.898
信息不对称	4	0.857	0.920
测量性	3	0.699	0.833
程序性	3	0.794	0.906

续表

变量	题项数	Cronbach's alpha	组合信度
行为控制	4	0.694	0.809
结果控制	3	0.759	0.891
信任	5	0.917	0.938
专用资产	4	0.759	0.848
交易绩效	4	0.899	0.909

8.3.2　效度的验证

在探索性因子分析中，旋转后的因子载荷具有评判模型拟合程度和建构效度的重要功能。而这种分析过程，在 Smart-PLS 针对内模式的分析中一并也进行了分析，并直接输出分析结果。一般因子载荷大于 0.71 时，就说明潜变量能够解释显变量 50% 以上的变异，表示测量题项的开发和数据的收集质量都较好（Hair et al., 2006），Tabachnick 和 Fidell（2007）则指出标准化的因子载荷大于 0.63 时，模型拟合就很好。

除了标准化因子载荷之外，还有其他重要的判断标准：其一是每个题项的系数要高于其两倍的标准误差（Anderson et al., 1988）；其二就是平均萃取方差（Average variance extracted，简称 AVE）。用于测量聚合效度的 AVE 阈值为 0.5，也就是当 AVE 的值大于 0.5 时，表明总体方差的一半以上可以被测量方差表述，因此量表具有较好的聚合效度（Fornell et al., 1981）。以上指标值的检验数据如表 8-5 所示，AVE 的数值均大于阈值 0.5，这说明该量表各构念均具有较好的聚合效度，标准因子载荷均大于 0.63，且每个题项的 T 值都高于 1.96，表明因子载荷具有显著性，PLS 输出数据说明测量模型拟合较好。

表 8-5 量表的聚合效度

变量	题项	因子载荷	标准误差	T 值	AVE
目标冲突	GC1	0.790	0.074	8.260	0.638
	GC2	0.768	0.084	8.369	
	GC3	0.781	0.079	9.360	
	GC4	0.827	0.076	10.410	
	GC5	0.828	0.100	8.432	
信息不对称	IA1	0.833	0.073	8.000	0.742
	IA2	0.862	0.105	8.016	
	IA3	0.842	0.071	8.209	
	IA4	0.908	0.091	8.517	
测量性	OM1	0.802	0.079	7.890	0.625
	OM2	0.834	0.060	16.192	
	OM3	0.733	0.084	8.368	
程序性	TP1	0.897	0.082	11.602	0.829
	TP2	0.924	0.053	14.444	
	TP3	0.653	0.050	15.551	
行为控制	BC1	0.810	0.175	4.625	0.517
	BC2	0.751	0.219	3.435	
	BC3	0.658	0.135	4.875	
	BC4	0.644	0.132	4.871	
结果控制	OC1	0.874	0.100	9.328	0.804
	OC2	0.919	0.074	8.260	
	OC3	0.739	0.065	9.234	
信任	TC1	0.815	0.082	8.566	0.751
	TC2	0.860	0.091	7.193	
	TC3	0.907	0.064	12.765	
	TC4	0.863	0.057	15.063	
	TC5	0.885	0.101	9.492	

续表

变量	题项	因子载荷	标准误差	T 值	AVE
专用资产	SC1	0.859	0.077	12.344	0.588
	SC2	0.885	0.092	10.033	
	SC3	0.634	0.095	6.790	
	SC4	0.656	0.115	5.487	
交易绩效	EP1	0.914	0.060	16.192	0.717
	EP2	0.713	0.061	13.075	
	EP3	0.888	0.059	14.252	
	EP4	0.858	0.076	10.058	
代理关系风险	GC	0.978	0.093	10.442	根据形成性变量的定义, 无 AVE
	IA	0,813	0.106	7.666	
任务复杂度	TP	0.980	0.123	5.442	
	OM	0.822	0.065	17.666	

注：所有 T 值均在 P<0.05 的水平以上显著

区分效度则有两种方法进行度量：其一是用相关系数测量法（Kline, 2000）。其内在机理就是如果两个潜变量之间的相关系数太大，则说明二者之间的区分效度不高，相关系数的阈值为 0.85，也就是当潜变量间的相关系数小于 0.85 时，则两个构念间的区分效度较好。其二是每个潜变量 AVE 的平方根要大于该潜变量与其他变量的相关系数值（Fornell et al.，1981）。区分效度方面的测量结果如表 8-6 所示，应用两个变量的相关系数要小于 0.85 以及每个潜变量 AVE 的平方根要大于该潜变量与其他变量的相关系数值这两个标准来看，图表显示相关系数的绝对值最大的数是-0.693，小于 0.85，AVE 的平方根最小为 0.719，大于所有相关系数绝对值的最大数，因此模型的区分效度较好。

表 8-6　量表的区分效度

变量	1	2	3	4	5	6	7	8	9	10
1 行为控制	0.719									
2 目标冲突	-0.388	0.799								
3 信息不对称	-0.187	0.627	0.862							
4 测量性（反向）	-0.230	0.620	0.532	0.791						
5 结果控制	0.414	-0.451	-0.172	-0.127	0.897					
6 交易绩效	0.230	-0.622	-0.595	-0.437	0.398	0.847				
7 程序性（反向）	-0.196	0.572	0.435	0.509	-0.293	-0.380	0.910			
8 专用资产	0.457	-0.613	-0.604	-0.573	0.125	0.519	-0.480	0.767		
9 信任	0.539	-0.651	-0.556	-0.528	0.345	0.635	-0.463	0.687	0.867	
10 代理关系风险	-0.379			0.624	-0.427	-0.693	0.553	-0.645	-0.629	
11 任务复杂度	-0.262	0.692	0.568		-0.229	-0.475		-0.215	-0.256	0.486

注：1. 对角线数字为各变量 AVE 的平方根。

2. 二阶测量模型中一阶构念与二阶构念的相关关系未显示。

3. 代理关系风险和任务复杂度作为形成性构念无 AVE 值。

第9章　数据分析结果

在变量有效测量的基础上，本章采用基于变量的主成分结构方程模型统计分析方法验证了理论模型与研究假设，在此首先使用了问卷的描述性统计方法，分析变量关系，作为结构方程模型处理方法的基础，接着采用结构方程模型统计模型方法，验证了整体模型的拟合程度和假设关系。因此，统计数据的分析遵循从整体到部分的路径方法，以期对风险控制—代理关系风险—绩效的整体影响先建立一种全面的认识，再详细分析其中具体变量之间的关系。

9.1　描述性统计与相关分析

为了了解样本数据分布及基本统计情况，通过对问卷调查所得到的有效样本进行分析，可以得到各变量的平均数、标准差和频次分布等统计结果（如表9-1所示）。

表9-1　关键变量统计描述

变量	样本量	均值	标准差	最小值	最大值
目标冲突	126	1.7971	0.6836	1	5
信息不对称	126	2.0423	0.7458	1	5
测量性（反向）	126	1.7246	0.7856	1	5
程序性（反向）	126	1.8909	0.6456	1	3
行为控制	126	3.8814	0.8534	1	5
结果控制	126	4.4529	0.6432	2	5
信任	126	4.3492	0.6793	1	5
专用资产	126	3.6765	0.8024	1	5
交易绩效	126	4.3797	0.6465	2	5

　　在对数据结构和基本情况进行初步了解的基础上，进行相关性分析，可以初步建立对变量间关系的理解与预测。如果变量之间的相关关系不显著，就不能证明变量在样本数据上存在相关关系。而如果自变量相关系数大于 0.7，则可从侧面判断自变量存在多重共线性。虽然 PLS 在对内模式和对外模式的统一验证中已输出了各变量的相关系数，但未报告相关系数的显著性，因此本研究运用 SPSS17 统计软件，进行皮尔森分析，计算各变量之间的相关系数、均值及标准差，具体的相关系数如表 9-2 所示。例如：表中代理关系风险与结果控制和行为控制相关系数分别为-0.427 和-0.379，且在 $P<0.1$ 的水平下显著，说明代理关系风险与正式控制有显著的相关性。与基于信任和专用资产的非正式控制相关系数分别为-0.629 和-0.645，且在 $P<0.1$ 的水平下显著，说明与非正式控制有显著的相关性；同理，正式控制与非正式控制之间部分变量也具有显著的相关性，正式控制和非正式控制内部、代理关系风险与交易绩效之间也有显著的相关性。同时，所有相关系数的绝对值均小于 0.7，因此，如果要应用线性回归方程进行分析，多重共线性应该不是此项研究潜在的问题。

表 9-2　相关系数表

变量	1	2	3	4	5	6	7	8	9
1 行为控制	1								
2 结果控制	0.414 * *	1							
3 交易绩效	0.230	0.398 * *	1						
4 专用资产	0.457 * *	0.125	0.519 *	1					
5 信任	0.539 * *	0.345 * *	0.635 * *	0.687 * *	1				
6 代理关系风险	-0.379 *	-0.427 * *	-0.693 * *	-0.645 *	-0.629 * *	1			
7 任务复杂度	-0.262	-0.229	-0.475 *	-0.215	-0.256	0.486 *	1		
8 需方规模	0.246	0.091	0.321	0.117	0.158	0.325	0.335	1	
9 供方规模	0.229	0.356 *	0.125	-0.145	0.213	0.283	0.329	0.118	1
10 关系长度	0.359 *	0.239	0.234 *	0.345 *	0.268 * *	-0.324 *	0.204 *	0.159	0.201

　　注：* 表示 $P<0.10$，* * 表示 $P<0.05$，* * * 表示 $P<0.01$

9.2　结构方程模型分析

9.2.1　结构方程模型的应用

结构方程模型用于验证整体模型的拟合程度，主要适用于处理多个原因、多个结果的复杂关系。本研究涉及自变量达到 5 个，而因变量有 2 个，同时自变量之间还有自我引证，因此选择结构方程模型更适合本研究情景。

结构方程模型分析技术中，有两大主流技术，在当前社会科学的研究中比较盛行，分别是以变量的共变异结构进行分析的结构方程模型（covariance-based SEM）和以变量的主成分结构进行分析的结构方程模型（component-based SEM）。其中共变异结构方程，以变量的共变异结构进行分析，定义一个因素结构来解释变量的共变关系；而主成分结构模型则以变量的线性整合定义出一个主成分结构后，再利用回归原理来解释检验主成份间的预测与解释关系，使用的技术为偏最小二乘法。两者的区别如下。

1. 分析目的：前者是理论驱动型，用于相关性分析；后者是理论探索型，也可以用来验证所探讨的因果关系，用于离差分析。

2. 常态分布：前者是在常态分布状态下以最大似然估计法进行估计，受多元常态分布的限制，而后者是在无分配下以回归进行估计，因此，小样本也会获得不错的结果，所需要的最小值介于 100~150。

3. 测量模式：前者以反映性为主，形成性为辅，后者则反映性和形成性都可以估计。

4. 模式估计：前者主要为模式适配度、AVE、解释力 R^2；后者主要为路径系数，解释力 R^2，适配度 GoF 指数。

根据偏最小二乘法的以上比较优势，且由于本研究中两个重要构念以二阶形成性模式测量，因此适合应用偏最小二乘算法，采取主成分结构方程模型进行分析。

以主成分结构进行分析的结构方程模型包括内模型和外模型，其中内模型等同于以共变异结构进行分析的结构方程模型中的结构模型，而外模型则等同于其中的测量模型，因此外模型反映了测量变量是否能够有效测量潜在变量，而内模型则反映了潜在变量之间的因果关系是否存在，主要用来印证所提出的研究假设。

一、确定结构模型

根据前面所提出的理论模型确定结构方程模型中各个变量之间的关系，即确定出路径系数，箭头出发所在的变量代表自变量，箭头指向的变量代表因变量。基于此，构建结构模型如图 9-1 所示，包括未在图中显示的三个控制变量和一个调节变量，结构模型需要估计的路径系数共 21 条，其中 ξ_1 代表行为控制（BC），ξ_2 代表结果控制（OC），ξ_3 代表基于信任的非正式控制（TC），ξ_4 代表基于专用资产的非正式控制（SC），ξ_5 代表任务复杂度（TOC），η_1 代表代理关系风险（RR），η_2 代表交易绩效（EP），模型中 ξ_{1-4} 与 η_{1-2} 之间存在路径系数，ξ_{1-2} 与 ξ_{3-4} 之间存在路径系数，ξ_5 与 ξ_{1-4} 相交与 η_1 存在路径系数。

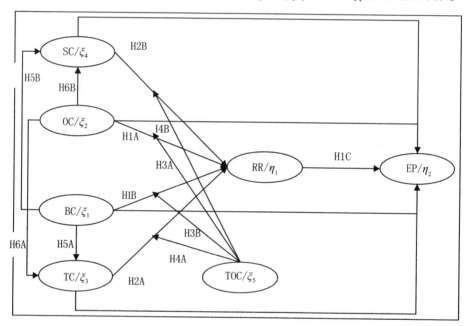

图 9-1　结构模型

在应用结构方程模型方法进行统计分析时，要注意数据量的要求。由于结构方程模型方法参数比较多，因此对数据量有一定的要求，一般来说，最小要求是所有研究变量的 10 倍（Hair，2006）。但偏最小二乘法由于是在无分配限制的情况下进行估计，样本数最小值介于 100~150。本研究用于进行模型估计的样本量为 126 份，因此可以使用 PLS 的结构方程模型方法进行分析。

二、评估结构模型

在评估结构模型阶段，需要选择评估方法，结构方程模型评估方法分两种，一种是利用"硬模型"软件如 LISREL、AMOS 的极大似然估计法，另一种是利用"软模型"软件 MATLAB、PLSGRAPH 的偏最小二乘法。由于本研究涉及形成性变量，因此应用偏最小二乘法进行结构方程模型验证，并运用"软模型"软件 SMART PLS3.0 进行分析。

9.2.2 结构方程模型分析结果

根据所建构的理论结构模型，应用 SMART PLS3.0 分析后得到如下数据。

1. 路径系数

通过路径系数的显著性检定，可以确定潜变量之间是否有显著的因果关系存在。根据表 9-3 所示，共有 21 条路径，其中未做假设的路径共 8 条，包括 3 条从控制变量到代理关系风险的路径、4 条从作为前因变量的四种控制模式到交易绩效的路径和 1 条从调节变量任务复杂度到交易绩效的路径。这 8 条路径系数中有 4 条不显著，在本结构模型中提出假设的路径有 13 条，其中有 9 条路径系数皆在 $P<0.10$ 的水平上显著，具体如下。

表 9-3 路径系数表

自变量—因变量	路径系数	T 值	P 值
结果控制—交易绩效	0.199	1.947	0.052
行为控制—交易绩效	−0.231	1.527	0.127
信任—交易绩效	0.318	1.721	0.086
专用资产—交易绩效	0.145	0.745	0.457
结果控制—代理关系风险	−0.282	2.637	0.009
行为控制—代理关系风险	0.158	1.424	0.155
代理关系风险—交易绩效	−0.371	2.478	0.014
信任—代理关系风险	−0.469	3.251	0.001
专用资产—代理关系风险	−0.363	2.584	0.010
任务复杂度×结果控制—代理关系风险	0.231	1.770	0.080
任务复杂度×行为控制—代理关系风险	0.174	0.786	0.432
任务复杂度×信任—代理关系风险	−0.265	2.523	0.012

续表

自变量—因变量	路径系数	T 值	P 值
任务复杂度×专用资产—代理关系风险	-0.229	1.820	0.069
行为控制—信任	0.495	3.057	0.002
行为控制—专用资产	0.489	3.190	0.002
结果控制—信任	0.155	1.140	0.255
结果控制—专用资产	-0.071	0.585	0.559
任务复杂度—代理关系风险	0.280	2.741	0.006
关系长度—代理关系风险	-0.245	2.064	0.040
供方规模—代理关系风险	-0.182	1.106	0.269
需方规模—代理关系风险	0.029	0.690	0.490

2. 间接效应与总效应

直接效应就是表 9-3 中的路径系数，指的是前因变量对结果变量的直接因果作用，间接效应指前因变量对结果变量经过中间变量所产生的因果作用，而总效应即前因变量经过所有路径对结果变量的总影响作用。通过直接、间接与总效应的对比，可以清晰了解一个前因变量通过哪些中间变量对结果变量发生作用，以及经过不同传导渠道发生作用的大小。本结构模型主要的间接效果与总效果如表 9-4 所示，其中间接效应比较显著的有行为控制通过信任和专用资产对代理关系风险的作用以及通过以上传导渠道对交易绩效的作用，而结果控制虽然通过代理关系风险对交易绩效的间接效应比较显著，但在增加了通过信任和专用资产对代理关系风险的效应之后，累加的间接效应不再显著。此外，信任和专用资产通过代理关系风险对交易绩效的效应同样处于显著水平。从总效应上来说，除了结果控制对信任和专用资产，以及行为控制和专用资产对交易绩效的总效应不显著外，其他总效应都在 $P<0.05$ 的水平上显著。具体如下。

表 9-4　间接效应与总效应表

结果变量 / 前因变量	信任 总效应	专用资产 总效应	代理关系风险		交易绩效	
			间接	总效应	间接	总效应
行为控制	0.495 * * *	0.489 * *	-0.410 * * *	-0.252 * *	0.321 * *	0.090
结果控制	0.155	-0.071	-0.047	-0.329 * *	0.161	0.360 * *
信任				-0.469 * * *	0.174 *	0.492 * * *
专用资产				-0.363 * * *	0.135 * *	0.279
代理关系风险						-0.371 * *
行为控制×任务复杂度				0.174	-0.065	0.109
结果控制×任务复杂度				0.231 *	-0.086 *	0.145 * *
信任×任务复杂度				-0.265 * *	0.099 * *	-0.166 * *
专用资产×任务复杂度				-0.229 *	0.085 *	-0.144 * *

注：＊表示 $P<0.10$，＊＊表示 $P<0.05$，＊＊＊表示 $P<0.01$

3. 解释力 R^2

R^2 是对模型预测精确度的一种测量，指的是被所有与之发生联结的外生变量所解释的内生变量变异值。如表 9-5 所示，交易绩效的 R^2 等于 0.557，则所有外生变量解释了其 55.7% 的变异，同理代理关系风险的 R^2 等于 0.636，则所有外生变量包括不同控制模式解释了其 63.6% 的变异，具体如下。

表 9-5　解释力表

变量	R^2	调整 R^2
交易绩效	0.557 * * *	0.520 * * *
代理关系风险	0.636 * * *	0.613 * * *
专用资产	0.217 * * *	0.192
信任	0.329 * * *	0.307 * *

注：＊表示 $P<0.10$，＊＊表示 $P<0.05$，＊＊＊表示 $P<0.01$

4. 适配度 GoF

适配度 GoF（goodness of fit）是用来计算内模式与外模式的整体指标，用来提供整体模式的预测效果，是根据平均共同性指标 COM 和解释力 R^2 计算而来的（Vinzi et al.，2010；Wetzels et al.，2009）。计算公式如下。

$$GoF = \sqrt{\overline{COM} \times \overline{R^2}}$$

其中：$\overline{COM}$ 指平均共同性指标，也即测量模型的平均公因子方差；$\overline{R^2}$ 指内生潜变量解释力 R^2 的几何平均数。

$$\overline{COM} = \frac{1}{\sum_{q:\ P_q > 1} P_q} \sum_{q:\ P_q > 1} P_q COM_q$$

其中：COM_q 指测量模型中 q 模块的公因子方差；P_q 指 q 模块中用以测量潜变量的显变量总个数，该数大于 1。

$$COM_q = \frac{1}{p_q} \sum_{p=1}^{p_q} cor^2(X_{pq},\ \overline{\epsilon q})$$

其中：$\sum_{p=1}^{p_q} cor^2(X_{pq},\ \overline{\epsilon q})$ 指测量模型 q 模块中每个显变量与潜变量的公因子方差（即两者的相关系数）之和；P_q 指 q 模块中用以测量潜变量的显变量总个数。

根据以上公式，经计算 $GoF = \sqrt{0.6754 \times 0.4348} = 0.542$。因此，根据 Vinzi 等（2010）指出的标准：GoF 数值达到 0.1、0.25、0.36，分别评定为弱的、中间的和强的适配度。GoF = 0.542 > 0.36，说明结构模型通过了评估，整体适配度较好，表明本研究所提出的基本理论框架在所收集的样本上得到了支持。

5. 相互补充作用

察看行为控制与结果控制、信任与专用资产之间的相关系数及显著性水平分别为 0.414 和 0.687，并且均在 $P < 0.05$ 水平下显著，说明结果控制解释了行为控制 41% 的变异，行为控制也解释了结果控制 41% 的变异，因此两者以相互补充的关系作用于代理关系风险。同理，信任与专用资产也相互解释了对方 69% 的变异，因此以相互补充关系作用于代理关系风险。

6. 效用比较

比较结果控制与行为控制对代理关系风险的路径系数和显著性水平，其中结果控制与代理关系风险的路径系数是 -0.282，总效应为 -0.329，均在 $P < 0.05$ 水平下显著，而行为控制与代理关系风险的路径系数为 0.158，不显著，说明行为控制对于降低代理关系风险的效应不明确，而行为控制经由信任和专用资产降低代理关系风险的效应则比较显著，导致行为控制与代理关系风险的

总效应为-0.252，在 $P<0.05$ 水平下显著，但即使比较总效应，0.329>0.252，结果控制比行为控制更能降低代理关系风险；同理，比较信任和专用资产对代理关系风险的路径系数，0.469>0.363，均在 $P<0.01$ 水平下显著，因此信任比专用资产更能降低代理关系风险。

7. 数据汇总

最后，通过对以上数据的汇总，对本书所提出的有关研究假设检验情况逐个进行检查，结构方程模型的路径系数和相关系数及显著性水平检验如表9-6所示。

表9-6 结构方程模型的路径系数及检验表

假设	路径	路径系数	P 值	结果
H1A	结果控制—代理关系风险	-0.282	0.009	支持
H1B	行为控制—代理关系风险	0.158	0.155	不支持
H1C	代理关系风险—交易绩效	-0.371	0.014	支持
H2A	信任—代理关系风险	-0.469	0.001	支持，
H2B	专用资产—代理关系风险	-0.363	0.010	支持
H3A	任务复杂度调节结果控制	0.231	0.080	支持
H3B	任务复杂度调节行为控制	0.174	0.432	不支持
H4A	任务复杂度调节信任	-0.265	0.012	支持
H4B	任务复杂度调节专用资产	-0.229	0.069	支持
H5A	行为控制—信任	0.495	0.002	支持
H5B	行为控制—专用资产	0.489	0.002	支持
H6A	结果控制—信任	0.155	0.255	不支持
H6B	结果控制—专用资产	-0.071	0.559	不支持
H7	行为控制 结果控制	0.414	0.012	支持
H8	专用资产 信任	0.687	0.017	支持
H10	结果控制—风险>行为控制—风险	行为控制对关系风险的作用不显著	支持	
H11	信任—风险>专用资产—风险	0.469>0.363	支持	

通过表9-6所示，本研究假设中除四条未得到支持之外，其他大部分假设均全部得到支持。经过整理，包含路径系数、相关系数和解释力的因果关系

图如图 9-2 所示。

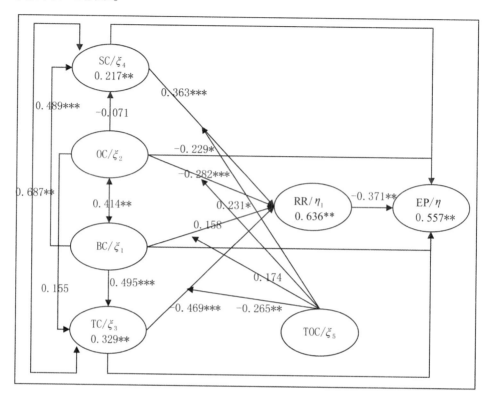

图 9-2　因果关系图

注：＊表示 $P<0.10$，＊＊表示 $P<0.05$，＊＊＊表示 $P<0.01$

9.2.3　未得到支持假设的解释

根据图 9-2 所示，有四条假设未得到支持，分别解释如下。

1. H1B 行为控制对代理关系风险的作用不显著

Jaworski 和 MacInnis（1989）指出行为控制会增加控制方与被控制方的紧张局面，造成双方的冲突，另一方面，有效的行为控制能够保证代理方采取合适的行为以交付正确的结果。其中，"度"的掌握非常重要，行为监控太密切使代理方质疑委托方不信任其能力，造成双方冲突，从而影响到代理方的合作行为；而行为监控太松懈，则会使代理方有机会采取机会主义，因此这种"度"的存在使行为控制对代理关系风险的影响作用不明确。

2. H3B 任务复杂度调节行为控制与代理关系风险的关系不显著

由于任务复杂度的增加，委托方会调整薪酬政策、预算限制等方式加强与代理方的沟通，协调（Jensen et al.，1976），甚至采取内包的形式，使代理方进入委托方内部提供服务（宋华，2012），使双方的关系更加密切，从而降低信息的不对称性，使行为控制在降低代理关系风险的效果加强，这与因任务复杂度高，流程无法预先设定，行为无法全面监控，导致的行为控制发挥不了作用相互抵消。

3. H6B 结果控制对专用资产的关系不显著

一方面采用结果控制，加强绩效奖惩，可以增加专用资产的锁定效应，因而委托方会采取措施促使代理方投入专用资产，但另一方面，由于结果存在不确定性，结果控制的方式使代理方承担了大部分这种不确定性风险，代理方会因无法控制结果而抗拒投入专用资产。因此，在这种双重作用下，两者的作用机理不明确。

4. H6A 结果控制对信任的关系不显著

Das 和 Teng（2001a）认为结果控制会因为严格的目标形式使代理方失去自治权，从而产生不信任感，此外，采用结果控制时，代理方可能会认为委托方不相信其能力，而且是为了实现自己的目标而不是合作目标，从而产生对抗与冲突，破坏了信任（Sharma，1997）。但 Poppo 和 Zenger，（2002）、Goold 和 Campbell（1988）和 Sitkin（1994）以及 Zu 和 Kayaz（2012）均提出结果控制具有校准目标的能力，因此可以在有效针对目标冲突的情况下采用，两者的不一致可能在于结果控制的一方面存在无法实现目标而进行惩罚的严格性，另一方面也存在通过激励来校准目标的柔和性。

9.2.4　支持假设总结

通过因果关系图 9-2 和间接效应与总效应表 9-4，经分析对得到验证的假设总结如下。

1. 结果控制与行为控制对代理关系风险的直接与间接效应

结果控制直接对降低代理关系风险发生显著的积极作用，其路径系数为 -0.282，但行为控制对降低代理关系风险的直接效应不显著，从直接效应上结果控制比行为控制更高。但从间接效应上，结果控制降低代理关系风险的间接效应为 -0.047，且不显著，而行为控制降低代理关系风险的间接效应为

−0.410，而且在 $P<0.01$ 的水平上显著。这种差别说明结果控制的直接效应高，但无法通过其他因素"借力打力"间接发挥作用，而行为控制尽管对降低代理关系风险上没有显著的直接效应，但可以通过信任、专用资产因素发挥显著作用，从而产生较高的间接降低代理关系风险的影响作用。

2. 非正式控制与正式控制对代理关系风险的总效应

非正式控制中信任与专用资产对降低代理关系风险的路径系数，也是总效应分别为−0.469和−0.363，均在 $P<0.01$ 的水平上显著。而正式控制中行为控制对代理关系风险的路径系数不显著，即使是比较总效应，正式控制中行为控制和结果控制降低代理关系风险的总效应分别为−0.252和−0.329，均在 $P<0.05$ 的水平上显著。这种差别表明非正式控制比正式控制对降低代理关系风险的总效应都大，是因为非正式控制在于有效沟通和协调，能够保证双方价值观的一致，从而促进双方加强合作，降低代理关系风险，这比通过正式控制强制性地促进代理方采取合作行为更为有效。

3. 任务复杂度的调节作用

在面对复杂性任务时，正式控制与非正式控制对降低代理关系风险所起的作用差距进一步扩大。这一点也可从任务复杂度对非正式控制和正式控制的调节作用上看出来。根据交互路径系数，绘制了任务复杂度对信任、专用资产和结果控制的调节作用图，以解释其调节作用，如图9-3所示，在任务复杂度较低时，结果控制、信任和专用资产都对降低代理关系风险起显著作用，但结果控制的作用更显著，但当任务复杂度较高时，基于信任和专用资产的非正式控制在控制代理关系风险上起了更重要的作用。

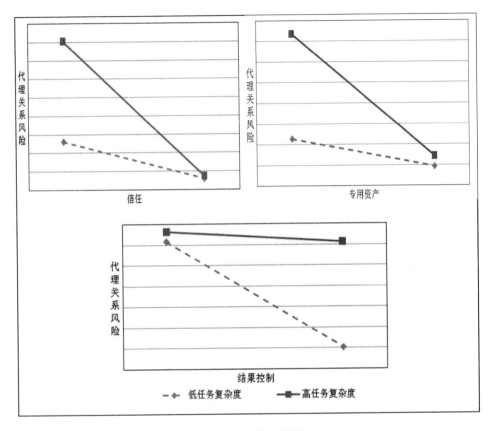

图 9-3　调节作用图

第 10 章　描述性案例分析

为了辅助于数据分析技术，从实践角度对本研究理论框架给予检验，并对未得到支持的假设进行补充验证分析，本章采用描述性案例分析方法，选取了三家典型企业的物流服务外包业务进行了剖析，从而发现在不同任务复杂度的权变情景下，企业采取的控制组合在通过降低代理关系风险为企业带来交易绩效的效应上也有所变化。

10.1　案例研究方法

10.1.1　理论假说

案例研究不同于实证研究，而是一种经验研究（empirical inquiry）（Yin，1994）。但是，案例研究作为管理学研究的重要方法，可以作为实证研究的补充，通过对现象的分析，寻找一些新的思路，拓展理论的构架，从而能够有效弥补实证研究中不能解决的问题，譬如未获得支持假设的进一步验证等。

一般而言，案例研究最适合回答"怎么样"和"为什么"的问题，因此，案例研究的第一步就是要提出相关的理论命题（Yin，1994）。吕力（2012）就曾指出，对问题的猜测构成了理论命题的主要部分。只有在有效的理论命题指引下，才不会像大海捞针一样试图把研究对象的所有资料纳入研究范围。这种理论命题不同于实证研究中的假设，只是为后续的研究提供一个相对详细完整的指导方向，理论命题包括问题、命题、分析单位、连接数据与命题的逻辑以及解释结果的标准。根据本案例研究的目的，作为实证研究的补充，主要用于验证支持假设和解释未支持假设。因此，基于以上所述，提出本案例研究的问题。

1. 本研究将展示，为什么采取行为控制不能显著降低代理关系风险，提高交易绩效？

2. 本研究将展示，为什么在任务复杂度较高的情况下，采取行为控制也能有效降低代理关系风险？

3. 本研究将展示，为什么结果控制不像行为控制一样，对信任产生显著的积极作用？

4. 本研究将展示，为什么结果控制不像行为控制一样，对代理方投入更多的专用资产产生显著的积极作用？

5. 本研究将展示，在任务复杂度较高的情况下，如何在国内研究情景下以非正式控制与正式控制组合降低代理关系风险？

10.1.2　案例选择

在案例的选择方面，几乎所有案例研究方面的学者都认为是理论抽样而非实证研究中的统计学随机抽样。因此在案例研究中，第一步也是最重要的一步就是案例的挑选。

根据 Yin（1994）提出的逐项复制和差别复制的案例选择方法和 Eisenhardt（1989A）提出的极端情境和极端类型的案例选择方法，首先选择了一家典型的物流服务外包企业：L 公司。L 公司采取供应链管理思想，按区域和流程对其物流业务进行分解，分别寻找能够提供高服务质量、低服务价格的物流供应商。L 公司所外包的物流服务均倾向于基础物流服务，其任务复杂度不高，同时，L 公司由于具备供应链管理知识和管理团队，所认知的信息与知识对称性较高。然而在国内的物流环境下，却鲜少能够发现供应链管理或供应链设计外包这种极端类型的案例。骆温平（2012）也指出国内几乎没有物流供应商能够提供类似于供应链管理设计、物流设计方案这样的复杂性任务。这也从侧面印证了随着任务复杂度的增加，代理关系风险上升，而基于信任和专用资产的非正式控制下降，导致机会主义上升，交易绩效下降，使任务复杂度较高的高端物流服务外包无法开展，或者外包失败，导致关系断裂。基于此，为加强案例分析的有效性，本研究分别从国际背景选择了供应链设计外包和供应链管理外包两个成功案例进行对比分析，这两个案例中供应商提供的均倾向于高端物流服务，任务复杂度较高，外包高端物流服务的两家企业都属于跨国企业，其中一家是针对全球供应链设计外包，而另一个案例则是针对主要是在中国情景下运作的国际供应链管理外包。但这两个案例中的接包方属于同一家企业 LF 公司，也是一家国际性专业服务公司。因此在案例的选择上既有差别性，也有统一性，方便进行比较分析。通过案例的对比分析，一方面可以验证本研究的部分结论，另一方面可以通过国际上对高端物流服务外包的运作与管理，从而发现国内在此方面的局限性和无法全面开展的原因，并从实践角度提出加强高端物流服务外包的建议。具体案例如表 10-1 所示。

表 10-1 物流服务外包案例的基本情况

案例编号	发包方	接包方	任务情景	物流服务	开始时间	服务类型	任务复杂度
1	L 公司	区域物流提供商	中国	一体化物流服务	2004	基础物流服务	低
2	N 公司	LF 公司	中国	国际供应链管理	2011	高端物流服务	高
3	A 公司	LF 公司	全球	全球供应链设计	2010	高端物流服务	高

10.1.3 研究方法

基于选择案例的两种方式，可以发现有不同的选择方法，就有不同的研究方法。采用"逐项复制"的方法选择案例，研究的方法就是通过多案例的相互证明，发现一些存在于所选择案例中的共同因素，避免由于因素的随机影响而导致的结论。而采用"差别复制"的方法选择案例，研究的方法就是通过分析不同案例中的不同现象，来发现在所研究情景下各因素的影响机制，不同的案例相互补充印证了所得出的结论，以保证所得结论的全面性（吕力，2012）。

基于以上论述，我们希望通过多案例研究方法，以探讨不同控制模式之间的内在关系，以及不同任务复杂度情况下哪些控制模式起主导作用。采用多案例研究方法，有助于通过横向比较，更深入地把握不同的代理关系风险控制的影响机制；能够帮助我们基于类似复制和扩展逻辑的思想进行研究，有利于识别因果关系及提高外部效度。此外，由于案例 2 中 L 公司的供应链管理外包，一方面具有国际性因素，另一方面具有在中国情景下运营的因素，因此该案例采取纵向研究法，分析该公司在外包合作初期与正常合作时期所采取的控制模式和代理关系风险的变化。

10.1.4 数据收集

案例研究使用的是分析性归纳方法（Yin，1994）。在分析性归纳中，先前提出的理论被当作模板，研究结果要与这一模板相对照。也就是说，分析性归纳相当于多个相关试验。基于其多个相关试验的要求，案例研究的证据来源呈三角形。

要实现案例的三角测量，案例数据需要来源于多个方面。不同来源的案例数据为构念和问题的解决提供更加坚实有力的证据。本研究主要是通过网络与现场访谈和文献、企业网站、相关新闻资料、企业间的来往流程文件、合作协议方面的条款和规定、行业内的分析报告、相关规范文件等来源渠道收集数据，其中访谈数据、企业间的来往流程文件和合作协议方面的条款和规定是主要的数据来源，文献研究、企业网站及相关新闻资料则用作补充。其中网络与现场访谈来自供需方不同企业内高管和物流业务部门主管。之所以以访谈数据为主要内容，在于可以通过访谈数据推论双方的关系治理结构，同时可以通过访谈数据推论所采取措施的起因与预期作用；之所以还以企业间的来往流程文件和合作协议方面的条款规定为主，在于通过这些渠道的数据可以确定正式控制的组成，在与访谈数据相互验证的基础上，可以更好地降低语言的歧义、印象、观念所造成的偏差。

　　因此，本研究安排两个人以背对背的方式对网络及现场访谈所获得的录音或文字记录进行汇总和整理，再进行比较以实现研究者三角测量，通过将访谈数据与来往流程文件和合作协议方面的条款规定进行对比，对于不同来源数据有偏差的予以剔除网络访谈数据，没有偏差地予以保留，实现数据来源的三角测量。本来，通过与供需双方的访谈可以更有效地实现数据来源的三角测量，但由于操作困难，同时根据 Goo 等（2009）的检验，采用关键信息提供者的方法，对所获取的需方与供方有关的双方关系与业务的认识具有同一性，因此在本研究中可以选择供方或者需方任何一方进行关于代理关系风险与风险控制的全面访谈。

10.2　案例介绍与分析

10.2.1　L 公司的分区域分流程物流服务外包分析

　　L 公司是全球个人电脑行业的领先者，在中国则是当之无愧的龙头企业，自 1996 年以来，就位居国内市场销量排名第一的位置。在如此大的销售量背后，是物流的有效运作与管理。L 公司一直非常关注物流与信息流的结合，以ERP 等企业信息系统的建设带动物流，促进了高效物流系统的建立，而其中应用的供应链管理思想更为物流系统从操作层面转向策略规划层面提供了基础，促进 L 公司降低整体成本和提高运作效率。总结起来，L 公司的物流管理运作主要如下：其一是基于供应链管理思想进行物流的全面性规划管理；其二是基于对物流业务的全面规划将一些操作性业务分解出来；其三是从自我运营转变为将操作性业务外包给一些专业性物流公司；其四是通过区域划分在全国范围内分区域寻找提供区域物流服务的供应商。这种运作的转变使 L 公司进一步整合和优化了其物流网络，在此过程中，第三方物流公司所拥有的物流专业知识和规模化的物流设备成为其提高物流效率、降低物流成本有力的辅助。尽管 L 公司在其物流管理中应用了供应链管理的思想，但在当前不成熟的物流大环境中，要想进行供应链管理整体外包，却并不可行。因为我国的物流企业提供的物流服务仍然以运输、仓储等基础物流服务为主，而增值服务还不完善，尤其是供应链管理设计和物流解决方案等服务几乎没有物流企业能够提供（骆温平，2012）。基于此，L 公司在内部组建了一支供应链管理团队，承担了供应链设计与管理的工作，负责构建策略规划层面的整体物流，整合第三方物流公司（3PL），具体包括对供应链流程进行设计、调整和更新，对物流服务外包进行整体性策划和管理，从而有效管理供应链物流，实现整体最优化。在此基础上，L 公司根据其产成品物流的特点，设计了相应的物流管理策略，主要是分流程分区域寻求优质低价物流外包，具体如下。

在中国物流环境中，大多数的第三方物流是由传统的运输仓储公司转型而来，企业规模有限，几乎没有覆盖全国范围内的能够提供有竞争力物流服务的企业，多数企业各自为战，守着有限的服务区域。根据市场的实际情况以及业务的实际需求，L 公司实施了端到端的"双模式"提速项目，将成品物流按流程和区域进行了分解。首先是从工厂到三个工厂附近的中央配送中心以及中央配送中心的管理，根据区域的不同分别外包给两家物流供应商负责管理。其次是从中央配送中心到销售所在地以及销售所在地仓储和运输的管理，一般来说，会按照送达的目的地不同，寻找该地区物流园区有一定规模和专业性的第三方物流公司，负责包括运输、中转仓储和配送的一体化物流服务。这种分地区外包运作的策略是在当前物流环境中最有效的运作方式。最终 L 公司形成了以三个中央配送中心为核心，全国 39 个分配送中心的网络布局。

显然，针对产成品物流，L 公司的管理架构是以自身的供应链管理团队为核心，通过不同区域和不同流程的一体化物流外包，建立起一张遍布全国的物流网络。但总结起来，由于 L 公司根据供应链管理思想进行了整体规划与业务分解，其所需求的物流服务从总体上来说是一种基于物质的有形要素，有标准化和详细的描述指定，以满足既定需求和期望为目的，需要采取一定行动才能发挥作用。这种资源，对于需方来说，在保证质量的基础上节约成本为主要外包目标，为实现该目标，因此需要接包的物流企业拥有专业化、规模化的优势。而供方信息、网络等方面的优势也为外包业务管理添加了许多辅助作用，促进了代理方对委托方的信息分享，改善了供需之间信息的不对称的状况。由于信息的不对称性降低，需方也愿意设定相应的奖惩机制鼓励供方投入专用性资产，供方会相应投入一些以基础性设施为主的有形资源和专业化知识的无形资源，以保证关系的持续和绩效的获取。此时，外包方与供应商之间会处于一种相对稳定的外包关系中。

随着服务化的推进，该公司已经认识到在其服务化进程中物流的重要作用，因此尽管受限于当前国内物流环境，L公司不得不采取自建供应链管理团队的方法，分流程、分区域将物流外包，但L公司根据流程和区域重点的不同，选择与其战略目的相适应的物流供应商建立战略性服务外包关系，以实现物流供应链管理优化的战略目标，配合并促进其服务化战略的开展。需方在双方长期的合作关系中采取行为控制使双方的关系进一步透明化，对于其掌控业务的开展过程产生信心，从而促进信任的产生。在这种合作关系中，一方面需方会在对供方流程的监控与改进中发现能够促进服务的补充性资源而激励供方投入专用资产，另一方面供方基于竞争的需要会投入大量有形、无形和关系型专用资产，例如供方设立信息专用人员、专用存储与运输设备等，以构建与需方的密切关系，同时供方投入的专用性资产也会获取需方的积极判断，从而构建信任的关系。因此，在这种合作关系中，需方采取的主要控制是行为控制、基于信任和专用资产的非正式控制。

但是尽管L公司可以通过供方的信息共享机制获取大量业务开展的信息，但毕竟在外包业务中，代理方因"专业化"优势具有天然的信息优势，而且基于作为两个利益主体的自利主义动机，会隐瞒一些私有信息，但需方一方面基于其降低成本的需求，无法投入监控成本进行完全行为的监控，另一方面基于密切的行为监控会导致双方的冲突，影响双方的关系，因此需要采取结果控制进行补充，以明确其所追求的目标。

基于以上控制，L公司相信其供应商会采取合作行为而非机会主义行为，而实际上，L公司的订单交付率、现金周期、供应链成本等指标均得到大幅度优化，达到行业最优水平，L公司对此也很满意。

通过与L公司的访谈记录，整理如表10-2所示。

表 10-2　L 公司的战略性物流服务外包

风险控制	例证	程度
信任	他们都是规模化、专业化的大公司，而且提供服务的过程我们也完全能够掌控，我们相信他们能够提供符合我们质量和成本要求的服务	高度
专用资产	这些区域物流公司规模都很大、也很专业，但他们也都针对我司情况进行了专门调整，无论是人员还是仓库和配送，这让我们相信他们确实在帮助我们实现目标	高度
行为控制	我们必须采取严格的物流跟踪，以保证对方采取了合适的行为，好在他们都是大公司，有成熟的信息系统，追踪物流轻而易举，而且他们也欢迎我们通过其信息系统对物流情况进行追踪，一旦发生不可抗力，容易说明问题	高度
结果控制	我们关注成本和及时到货率，相应的激励政策可以提高他们的努力水平，大家共同实现目标	高度
代理关系风险	服务很简单，我们能够掌控，该供应商应该不会做有损合作利益的事情	较低
交易绩效	我们很满意他们提供服务的质量与成本	较高

10.2.2　N 公司的中国区域供应链管理外包分析

N 公司 20 世纪 70 年代成立于美国，其所有产品均采用 OEM（外加工）方式生产。N 公司并不拥有任何生产能力，其优势仅在于设计和销售，其产品所涉及的其他采购、制造加工、运输等活动依靠一个全球性的网络开展。从一个完整供应链的角度来说，N 公司只负责该供应链首端研发和末端销售，而对于中间整个供应链的活动全部外包给专门公司来运作，基于 N 公司自身的核心优势所在，这种外包的形式是整体外包，也就是产品供应链中间部分管理的外包。N 公司在美国、加拿大、韩国、日本等国及欧洲有多家物流中心，负责其产品从生产后到发货前的所有订单处理、收发货等活动。N 公司尽管自己运营全球物流中心，但在电子商务以及部分特定区域也会选择专业的第三方物流公司进行业务外包，因此，采取的是一种混合物流管理模式。

N 公司于 20 世纪 80 年代进入中国，由于物流环境的不健全，使得国外先进的企业物流系统在中国发挥的空间受到严重的限制。但随着销售额的增加，N 公司的物流系统面临重大考验。为了适应其竞争的需要，提升物流效率，增加订单的准确率，同时最大化地降低成本，2011 年，N 公司在中国建立了一家大型物流中心。但 N 公司并没有自己运营该物流中心，而是把其产品在该物流中心的供应链物流运营外包给 LF 公司。这种外包形式的特殊性在于 LF 公司作为特定服务提供商进入 N 公司物流中心为其提供全面的供应链管理和物流活动，而整个物流中心的固定资产和动产投资由 N 公司完成，LF 公司只是实施整个中心的管理活动，这使 N 公司一方面可以获得非核心业务外包的好处，从非自身专长的供应链物流管理中解脱出来，将精力集中在产品设计和销售活动上，另一方面又能发挥出专业化物流管理的优势。

N 公司之所以进行这种供应链物流服务外包的调整，是基于其面临的诸多问题。首先，根据 N 公司的产品属性，其追求的是低成本物流，但在中国，其主要运输方式是通过公路运输，还有少部分甚至通过航空运输，这造成了物流成本居高不下。其次，N 公司在中国生产的产品中有 95% 的产品运输到美国销售，在中国销售的产品中只有 10% 在中国生产，另有 90% 的产品委托第三方物流公司通过航空运输运往中国部分城市的仓库，因此这种从生产经物流到仓库的供应链管理也是一个需要进一步加强的方面。

因此，当 N 公司制订了要在中国市场实现销售量倍增的战略目标时，就意味着其必须投入大量资源去解决这种看似属于销售的问题，而实际上是属于因供应链物流管理不善而导致的销售乏力问题。之所以说是属于供应链物流管理不善所导致的问题，是因为每当发生市场断货而追踪物流系统时，不是推诿订单时间就是推诿工厂出货时间。而这种种寻找推诿理由的"抱怨"，一方面正是物流服务供应商机会主义行为的体现，由于外包所固有的信息不对称导致的外包方无法有效观测接包方的行为，使接包方有可能采取不努力合作的机会主义行为，另一方面也说明是供应链管理问题。

因此，N 公司需求的是供应链管理服务，是一种高端物流资源，具有高度的增值性，同时该供应链管理服务是 N 公司所处的产品供应链中的一部分，与 N 公司核心活动和战略体系密切相关。综合所寻求资源的重要性，N 公司投入大量资源建立物流中心，以期改变这种订单处理问题与物流责任推诿状况。

尽管 N 公司投资筹建了大型的物流中心，配备了尖端的仓储管理系统、有线或无线射频终端，但毕竟供应链物流服务不仅仅需要现代化的信息技术，还需要以知识和智慧体现的隐形资源，才能使物流设施这些被操作型资源发挥能力，同时要很好地衔接中国发往世界各地的生产，进行有效的国际供应链管理，而这种优势是在中国物流情景下 N 公司所不具备的，因此需要以外包形式来获取这些隐形资源。

但是，针对供应链管理这种资源，单纯性的物流外包使 N 公司担心无法从外部在行为上控制服务提供方的服务活动和程度，从而影响到自己的销售活动，牵制了自己的核心业务，因此与 LF 公司采取了这种以内包形式体现的服务外包，其初衷就是为了规避普通外包中高度的代理关系风险，同时通过与 LF 公司的外包合作实现提高其供应链管理能力的战略目标。

LF 公司是以香港为基地的一家跨国商贸集团，在消费品供应链设计与管理方面具有世界领先地位。因此在供应链管理与设计业界，香港 LF 公司是领跑者，其具有遍布全球的高效分工与合作的供应链管理，合作品牌遍布世界 500 强，具有丰富的供应链管理经验。LF 公司丰富的供应链管理经验，来自其从 20 世纪 80 年代就开始的五次商业模式的转变。在商业模式的转变过程中，LF 公司积累经验，逐渐建立供应链管理理念，成为一个完整的服务供应链的运作商。

尽管 LF 公司具有高度的社会声誉，但是 N 公司基于其在中国运作物流外包的管理经验，在合作初期，无法对 LF 公司产生足够的信任，虽然通过内包形式采取行为控制，但由于任务的复杂性，短时间内无法降低信息不对称性，因此，L 公司认知的代理关系风险尽管有所下降，但仍然具有一定程度。

通过与 L 公司的回溯性访谈，整理如表 10-3 所示。

表 10-3　N 公司供应链管理外包的初期阶段

风险控制	例证	程度
信任	尽管 LF 公司有很好的声誉，但是在国内环境中，没有切切实实合作过，了解他们的操作方法，我们无法全面信任他们	中度
专用资产	他们那边派来了专业管理人员，但是我们还没学习到他们的经验	中度
行为控制	LF 公司进入我司提供服务可以使我们近距离地观察他们工作的过程，但是流程总在变更，我们还无法掌握	高度
结果控制	我们关注成本节约和及时到货率，但提高供应链管理能力才是最主要的	中度

续表

风险控制	例证	程度
代理关系风险	尽管 LF 公司具有这么高的社会声誉，LF 公司提供的服务我们还不能够掌控，要做点什么我们也无法发现	稍高
交易绩效	尽管投诉率已经减少，但还没有达到满意的水平	稍低

由于代理方提供服务的生产与消费过程都在 N 公司内部进行，上可与 N 公司的委托生产过程进行有效结合，下可与 N 公司的销售活动有效结合，为委托方观测代理方行为提供了便利性，也为双方密切的沟通提供了条件，为建构团队文化提供了可能，因此提高了物流与销售生产流程的无缝衔接，促进了信息的共享，从而外包方可以通过采取行为控制的方式，除少量行为监控外，更多地通过预算和报酬政策的调整等正式机制来影响接包方的行为。在这种团队合作中，委托方通过加强沟通促使代理方以配备专业技术和人员等专用资产投资方式投入资源，代理方也会基于这种良好的合作关系和对持续合作的期望，投入技术人力等资源，以实现共同合作利益的提高。同时在这种内包方式中采取的行为控制也避免了普通外包过程中采取行为控制造成的双方关系紧张而导致的代理方不合作行为，提高了代理方行为的可视化，促进信任的产生。

尽管结果控制对行为控制是一个有益的补充，但 N 公司基于其提高供应链管理能力的最终目标，并未着重强调成本和及时性的获取，一方面在于 N 公司信任其供应商能够采取合适的行为交付正确的结果，另一方面过分强调结果进行绩效评价，一旦在供应商付出努力但因环境、政策等原因造成无法交付正确的结果时，会引起供应商的抵触情绪，从而导致不合作行为，以及专用资产投入的降低，从而影响其提高供应链管理能力目标的实现。

N 公司虽然需要利用 LF 公司高度专业化的供应链管理经验，但是物流中心的运作与管理毕竟在业务层面上具有相对局限性，此外，双方直接密切的沟通与团队化的合作使业务流程趋于相对标准化，需方在团队化合作中对于流程能够预先指明，信息不对称程度进一步降低，需方所认知的代理关系风险进一步降低，物流部门收到销售部门的投诉比例也明显降低。

根据与 N 公司的访谈记录，整理如表 10-4 所示。

表 10-4　N 公司供应链管理外包的正常阶段

风险控制	例证	程度
信任	我们与 LF 公司切切实实合作过，了解他们的操作方法，我们信任他们	高度
专用资产	他们那边派来的都是特别专业的人员，在一起工作能学习到不少物流中心管理的流程和经验	高度
行为控制	LF 公司进入我司提供服务可以使我们近距离地观察他们工作的过程，但又不会像在外部提供服务那样，需要投入成本搜集信息，而且也不会让他们感觉到我们在监视他们，造成双方的紧张局面，他们做些什么、怎么做的我们都知道	高度
结果控制	我们关注成本节约和及时到货率，但我们不会着重强调这些，只要操作流程正确，这也是很容易达到的 如果强调成本和及时率，由于不可抗力导致无法实现目标，处罚可能会不公平，影响我们之间良好的关系	中度
代理关系风险	LF 公司提供的服务我们基本能够掌控，LF 公司具有这么高的社会声誉，应该不会做有损合作利益的事情	低
交易绩效	我们很满意当前与销售部门的关系改善	高

10.2.3　A 公司的全球供应链设计外包分析

A 公司是一家全球性零售商，规模很大，零售品牌众多。为了服务于其零售业务，A 公司投入大量人力与物力构建其供应链物流管理系统，从而构建了遍布全球的物流配送中心，拥有完善的基础设施，以及经验丰富的操作管理人员。在其供应链管理系统内，首先通过对顾客需求的定位与预测，再与供应商或生产商对接，最后通过对连接上游供应商和销售门店的物流配送进行有效的管理，并在充分利用网络信息交互的基础上，促使各部门的协调运作，从而实现其供应链顺畅运作。但 A 公司却不是采取全自营，还有冷链物流外包给专业的第三方物流公司，当然，其拥有的全球采购系统，以及众多配送中心也表明其非全外包的模式，因此，A 公司在供应链物流管理方面采取的也是混合模式。

A 公司自 2010 年开始对其全球采购体系进行拓展，整合成立了 4 个全球采购中心，作为统一全球采购架构的核心，在此基础上，A 公司把自有产品的采购业务分离出来，合并到 LF 公司专门针对 A 公司业务设立的一家子公司中，作为隶属于其全球采购中心的一部分，负责其自有品牌产品的供应链整合和设计业务。

供应链设计外包，指将供应链成员的选择、供应链成员间的合同设计和关系设计等服务从自身业务中剥离出去，承包给具有供应链设计优势的公司去执行。由于供应链设计是一种基于知识和智慧表现出来的具有前摄性的资源，因此作为一种高端物流服务资源，需要长期集体行为才能发挥作用，其直接绩效是难以评定的，而其生产过程也没有千篇一律的范式，要根据需要进行定制化生产。由此而看，供应链设计的任务复杂性很高。一方面，服务过程中结果指标相互冲突，需要投入大量的知识资本，由此产生许多无法明确测量的"软结果"；另一方面，供应链设计需要根据公司具体情况、原有供应链情况等进行定制化生产，在此过程中，需要不断沟通、调整工作流程。

通过与 LF 公司这家合资子公司的运作，A 公司希望实现全球采购总战略的核心，即不断提高其自有品牌的直接采购，希望可以在 5 年内在供应链上节省 5% ~ 15% 的成本。通过供应链的设计与运作，A 公司可以与生产商直接建立联系。同时双方约定 A 公司于 2016 年取得该子公司的控制权。因此，A 公司要实现的最终目标是自有品牌产品的直接采购，以及与制造商的直接联系，到最终拥有一家具有先进供应链管理经验的子公司，实现其全球采购知识与能力的提高，从而创造更高的附加价值。

基于长远的战略性目标，要取得合作成功的关键就在要有信任和双赢的信念（Vitasek，2009）。在这种关系中，双方高度信任，把自己的既得利益建立在另一方获利的基础上，并协助对方获得不断增长的价值。双方都投入有形、无形的专用资产和关系型专用资产，以利于团队的沟通和业务的开展。在宽泛性合作中，双方需要建立一种亲密无间的氛围，在这种氛围里，大家是为了一个共同体在工作，从意识上把他们变成"咱们"。因此在这种形式的外包中，A 公司是把其现有部分采购业务剥离与 LF 公司的一个子公司合并，而不是单纯性把服务工作交给 LF 公司来执行。这就为双方创建了一种合作的氛围，从而促进双方的合作。

因此，A 公司对于该项外包业务所采取的控制模式是基于信任的非正式控制为主导。此外，A 公司还通过自有品牌业务部加入合资子公司的方式，按照正当的管理机制对合资子公司享有一定的权利，而业务部带入的原有供应链部分也需要 LF 公司去进行对接，因此可以有效降低信息不对称的情况，在此基础上，采取适度的行为控制。同时，获益性外包这种双赢的思想，使 A 公司在 LF 公司获利的基础上实现自己的长远目标，因此采取适度的结果控制，能够有效校准双方目标。更何况，A 公司到 2016 年还取得该子公司完全的控制权，最终实现一体化。

根据与 A 公司的访谈记录，整理如表 10-5 所示。

表 10-5　A 公司的供应链设计外包

风险控制	例证	程度
信任	我们的业务部已经融入他们的子公司组建了一支密不可分的团队，我们相信 LF 公司不会做伤害团队利益的事情 LF 公司有很高的国际声誉，我们相信 LF 公司有能力设计好我们的供应链，实现成本的节约	高度
专用资产	LF 公司专门成立一家子公司对我公司业务进行操作并且抽调了其集团公司最精英的力量来管理这个团队 LF 公司利用其专业能力，开拓建立专属于我们自己的供应链网络	高度
行为控制	我们通过正当的管理机制对这家子公司行使自己的权利，关注其经营情况和业务开展情况，但是我们并不关注流程本身，而是在合作中优化流程。过多地关注流程只会造成我们之间的关系紧张，而且流程总在改变，监控也没有用	中度
结果控制	我们同样关注成本节约，但是我们关注的是未来的、全局的成本节约。	中度
代理关系风险	当然，LF 公司提供的这项服务有很多我们不能掌控的内容，但毕竟其需要与我司原有供应链对接，包括我司业务部人员的加入，具有高度社会声誉的 LF 公司应该不会做有损合作利益的事情，而且一旦供应链稳定，按约定我司将掌控该子公司	低
交易绩效	我们基本满意该子公司当期的进展	高

10.3　案例总结

通过文献综述的描述性定义以及对所收集信息资料的上述分析整理，再反馈给参加访谈者进行确认，最后经过对比总结如表 10-6 所示，并针对本章一开始提出的五个问题得出如下结论。

1. 在 L 公司与 N 公司的访谈中，均提到在普通形式的物流外包合作中，要实行有效的行为控制，在代理方没有相应的信息分享情况下委托方需要投入大量成本，全面监控代理方的行为，而代理方的目标除了提高毛利率外是减少委托方的控制，因此会导致供需双方的冲突，使代理关系风险的可能性上升。行为控制相应也会引起委托方对成本的满意度降低，从而降低交易绩效，因此行为控制有时可能在降低代理关系风险、提高交易绩效方面有不同的作用。

2. 通过对 N 公司的纵向案例分析，行为控制在没有信任和专用资产的有效配合下，无法对代理关系风险进行有效控制。但是采取供方进入需方企业内部提供服务的内包方式，可以有效降低信息的不对称性，随着双方密切地沟通与协调，行为控制可以通过促进信任产生以及供方专用资产的投入，在信任和专用资产的配合下也能有效控制代理关系风险，促进交易绩效的提高。同时，从另一个方面说明当任务复杂度较高时，行为控制通过特殊的内包方式也能有效发挥作用，因此任务复杂度对行为控制降低代理关系风险的效应正向调节作用不显著。

3. 通过 N 公司的案例分析，发现结果控制由于其专注于结果的获取，而会被代理方质疑委托方是为了获取一己私利，而不是为了全局的合作利益，引进双方的冲突，导致信任不能产生。另一方面，如果委托方通过对代理方行为的掌控而信任代理方能够采取合适的行为，委托方就不需要采取高度的结果控制。因此结果控制对信任的积极作用不显著。

4. 同样，通过 N 公司的案例分析，委托方采用结果控制由于把大部分结果不确定性风险转移给代理方，使代理方担心在结果不确定性风险发生后，不仅不能获得付出努力的相应报酬，还需要承担委托方一旦以未达到合作目标而终止交易所导致的专用资产损失，因此不愿意投入专用资产。

5. 通过 A 公司全球供应链设计外包与 N 公司中国供应链管理外包的对比，说明国内社会声誉等影响还处于边缘化状态，针对复杂性物流服务，代理方会利用信息和知识的不对称性进行衡量，如果采取机会主义行为被抓住所导致的社会声誉损失小于机会主义行为的收益，那么其采取机会主义行为获取利益的可能性上升，同样由于这种边缘化状态，委托方无法直接产生较高程度的信任，因此在信任无法产生主导作用时，就需要选择一些特殊的外包方式，以加强对代理方行为的掌控，由此产生信任，才能有效控制代理关系风险，促进交易绩效的提高。

6. 通过 N 公司和 A 公司的复杂性物流服务外包案例分析，委托方在供应链管理方面具有多年的经验和相应的知识基础，并且通过团队合作、学习等方式进一步扩充自身专业知识，可以有效降低知识不对称程度，从而可以加强对物流服务的正式管控，并进而降低代理关系风险，获取外包绩效。

表 10-6　案例总结表

案例	信任	专用资产	行为	结果	代理关系风险	交易绩效
1	高度	高度	高度	高度	较低	较高
2（初期）	中度	中度	高度	中度	稍高	稍低
2（正常）	高度	高度	高度	中度	低	高
3	高度	高度	中度	中度	低	高

第11章 结论与建议

在当前高度全球化、竞争化和网络化的社会中，研究基于任务复杂度不同所采取代理关系风险控制模式的不同具有深刻意义。基于代理理论与其他相关理论，本研究构建了风险控制以降低代理关系风险获取交易绩效的理论框架模型，并提出了相关假设。本研究采用实证研究方法，运用以偏最小二乘法为算法的主成分结构方程模型分析技术以收集的样本数据验证了理论模型的合理性，所提出的大部分假设得到支持。最后本研究还以三个不同的描述性案例分析，佐证了研究框架的合理性，分析解释了部分假设未得到支持的原因。

11.1 研究结论

本研究在全球供应链的背景下，回答了不同任务复杂度的代理关系风险控制的战略选择问题。围绕着研究的主题，首先对全球供应链与外包、供应链风险、代理理论、代理关系风险、任务复杂度、风险控制等方面的研究文献进行了梳理和综述，根据代理理论和风险控制理论识别了代理关系风险及其不同的来源，构建了代理关系风险的二阶形成性测量模型，同时分析了不同产品类型中任务复杂度的决定因素，构建了任务复杂度的二阶形成性测量模型，并针对不同任务复杂度下的代理关系风险控制提出了研究框架和相关假设，而后根据各个构念的内涵及外延，基于文献研究，引用了一些变量的成熟量表，针对没有成熟量表的变量结合理论分析开发了相关量表，并分别设计了代理关系风险和任务复杂度的二阶反映性—形成性测量方法，随后运用大样本问卷调查所收集的数据对框架模型和研究假设进行了验证，对验证结果进行了深入分析，发现本研究所提出的大部分假设得到样本数据的支持，最后通过案例分析佐证了研究假设，解释了未支持假设。现把本研究总结如下。

首先，从代理理论出发，将全球供应链与外包中供需关系定义为委托代理关系。在委托代理关系中，作为委托方的需方面对着定义为代理方未来行为不确定性的代理关系风险。而代理关系风险在委托代理关系中又表现为代理方在合作中发生道德风险的可能性，其来源在于目标冲突和信息不对称。在解决道德风险这种代理问题的过程中，就涉及代理成本的支出。基于从基础产品到高端产品"连续集"中不同的产品类型所表现出来的任务属性：测量性和程序性的不同，决定了代理成本中的测量成本与监控成本高低，同时也决定了执行不同物流服务的任务复杂度。因此，任务复杂度的不同，则意味着通过采取不同控制模式所导致的代理成本不同而影响着代理问题的解决。

其次，委托方对代理关系风险的控制模式是正式控制与非正式控制的组合应用。其中正式控制通过正式合同和来往文件实现，包括行为控制和结果控制，前者保证代理方采取合适的行为，而后者保证代理方交付正确的结果；非正式控制包括基于信任和基于专用资产的非正式控制，前者指委托方基于对代理方的信任采取价值观、关系规范等非正式控制，在代理关系中表现在寻求第三方咨询和社会声誉来解决代理问题。后者指委托方以代理方投入专用资产的锁定效应进行控制，在代理关系中表现为代理方投入契约成本，以促使委托方相信其承诺，从而双方建立紧密的关系。不同的正式控制和非正式控制对代理关系风险的作用机理不同，因此这四种控制机制能对降低代理关系风险产生不同的效应。

再次，不管如何组合，任何控制模式，其目的都是降低风险，提高收益，但却会在实际执行中发生不一致的影响，结果控制、专用资产和信任可以直接通过降低代理关系风险获得交易绩效，其中结果控制通过校准双方目标，促进代理方分享信息，而降低代理关系风险；代理方投入专用资产则通过培育双方紧密的关系和双边治理机制而降低代理关系风险；信任则通过密切的沟通、协调甚至是参与而降低代理关系风险。但行为控制对降低代理关系风险却没有直接效应。其可能原因在于：行为控制由于对行为、过程的密切监控造成委托方与代理方的紧张局面，而且会造成代理方质疑委托方不信任其能力，产生冲突，从而采取不合作行为，行为控制还因为需要投入大量监控成本，而造成委托方对成本的满意度降低。此外，在服务外包中，由于服务的无形性等特征，使代理方基于其专业化而更具有天然的信息优势，造成更高程度的信息不对称，使行为控制无法有效发挥作用。

第四，任务复杂度的调节作用。任务复杂度正向调节结果控制降低代理关系风险的作用，负向调节信任和专用资产降低代理关系风险的作用，说明随着任务复杂度的增加，结果控制降低代理关系风险的效应下降，而基于信任和专用资产降低代理关系风险的效应却在加强。因此在外包复杂性产品与服务时，需要通过加强社会声誉和第三方机构的影响，促进信任的产生，或者通过促使代理方投入专用资产，培育双方紧密的关系，从而有效降低代理风险，获得交易绩效。但是任务复杂度正向调节行为控制降低代理关系风险的作用却没有得到支持，其可能原因是：由于任务复杂度的增加，委托方不会采用导致双方紧张局面的监控措施而会以调整薪酬政策、预算限制等方式影响代理方的行为，或者采取内包的特殊外包方式，加强与代理方的沟通，协调，使双方的关系更加密切，从而降低信息的不对称性，使行为控制在降低代理关系风险的效果加强，这与因任务复杂度高，行为无法全面监控，流程无法预先设定，所导致的行为控制发挥不了作用相互抵消。

第五，基于非正式控制对正式控制的内在补充逻辑，通过数据分析和案例分析证明基于信任和专用资产的非正式控制对行为控制的补充作用，一方面说明行为控制能够通过增加关系透明度促进相互之间的信任，另一方面说明在委托方信任代理方以及代理方投入大量专用资产的情况下，行为控制能够有效发挥降低代理关系风险的作用。因此行为控制需要借由信任、专用资产等其他因素，经过传导效应对代理关系风险产生控制作用。但是基于信任和专用资产的非正式控制对结果控制的补充作用假设却都没有得到支持，有可能的原因是：在与专用资产的关系上，结果控制虽然能通过加强专用资产的锁定效应使委托方采取措施促使代理方投入专用资产，但另一方面，由于结果存在不确定性，结果控制的方式使代理方承担了大部分这种不确定性风险，代理方会因无法控制结果而抗拒投入专用资产。在与信任的关系上，结果控制虽然能够校准双方目标，促进信任的产生，但也因严格的目标形式造成代理方的抗拒，双方的冲突削弱了信任的产生。因此在这种双重作用下，结果控制对专用资产和信任的作用机理不明确。

最后，比较了结果控制、行为控制对降低代理关系风险的直接效应、间接效应和总效应，发现结果控制、信任与专用资产降低代理关系风险的直接效应显著，且信任对代理关系风险的路径系数大于专用资产，而行为控制直接效应不显著，显然结果控制比行为控制、信任比专用资产能更有效地降低代理关系风险，但是由于信任对结果控制没有显著的补充作用，这两者组合应用的效果需要进一步考察。不过行为控制尽管对降低代理关系风险没有直接效应，但行为控制的间接效应却比结果控制要高，经分析发现，行为控制的间接效应较高，说明当与信任和专用资产等其他因素配合时，行为控制对降低代理关系风险更有效。因此行为控制可以与信任和专用资产配合对降低代理关系风险发生显著作用。

对于以上所得结论，通过 L 公司的案例分析，以及与 A 公司、N 公司案例的对比分析，分别给予了佐证。其中 L 公司案例则证明在任务复杂度较低时，针对一体化物流采取类似集群式外包的行为控制与基于信任和专用资产的非正式控制，并通过这三者的补充作用，在代理方专业化和规模化的基础上，构建与代理方的长期关系，从而能够有效控制代理关系风险，提高交易绩效。A 公司和 N 公司案例则证明在外包复杂性物流服务的情况下，可基于供方的社会声誉对供方采取基于信任的非正式控制，鼓励代理方投入专用资产，同时两个案例都通过自身拥有的供应链管理经验和专业人员加强控制、实现控制，其中 N 公司还通过采取特殊的内包方式，进一步加强学习，降低信息和知识的不对称性，加强对服务的掌控，进一步提高信任水平，从而有效降低代理关系风险，提高交易绩效。

11.2 理论贡献与研究启示

本研究的理论意义，也是本研究的创新点，主要体现在以下几个方面。

1. 代理理论在全球供应链与外包领域的综合应用以及非正式控制的分类

在当前经济全球化和企业国际化的浪潮中，全球供应链与外包势在必行上，且规模不断壮大。采取供应链与外包这种准市场制度，使供应链成员企业面临的风险进入供应链层面，由此就产生了一些有别于单一企业层面的关系型特定风险。针对这种关系型特定风险，在供应链领域的研究还不是很多，其中尤其是应用代理理论分析这种关系特定风险的更少，而代理理论对于风险、激励和信息等方面的理论观点对于风险管理有很大的启示。本研究正是在克服委托代理学派的单一模型基础上，加入了实证学派周边现实世界的复杂性研究，通过两者的综合，以实证研究方法对不同类型供应链与外包代理关系中代理关系风险控制进行了深入研究。基于此，应用代理理论分析供应链与外包中这种特定风险不仅丰富和发展了代理理论在供应链与外包管理领域的应用，也丰富和发展了代理理论在风险管理领域的应用。

本研究在代理理论对正式控制分类的基础上应用关系理论加入了非正式控制的内容，并把非正式控制与代理理论中寻求第三方咨询和社会声誉以解决供需方冲突联系起来，通过第三方咨询和社会声誉委托方对代理方建立信任，并基于信任进行非正式控制进而解决代理关系风险问题，同时把非正式控制与代理方承担的契约成本联系起来进行综合分析，通过代理方投入专用资产的锁定效应以培育双方紧密的关系进行控制，将非正式控制区分为基于信任和基于专用资产的非正式控制，并对这两种非正式控制的特点与不同进行了深入的诠释，认为基于信任的非正式控制是委托方对代理方的积极判断，而基于专用资产的非正式控制则是代理方对委托方的承诺，以获得委托方的积极判断，从而应用代理理论对非正式控制的分类进行了有益的探索。

2. 代理关系风险和任务复杂度的二阶形成性测量模型

对于因建立委托代理关系而产生的代理关系风险，其来源与代理问题的来源一样。代理关系风险来源于目标冲突与信息不对称，由于委托方与代理方分属两个利益主体，以及代理方相比委托方具有天然的信息优势，因此当目标冲突程度加大、信息不对称程度较高时，代理方就有动机和机会采取不合作或机会主义行为，代理关系风险上升。因此代理关系风险就是代理方未来行为的不确定性，也就是代理方采取不合作和机会主义行为的可能性。考虑到代理关系风险这种定义，采用反映性构念测量较为敏感，尤其是针对供需方配对收集数据和中国中庸文化传统的情景下，以代理关系风险的表现进行测量不易获得准确的反馈，也会导致应答率降低。因此基于代理关系风险的来源或驱动因素，构建了二阶反映型—形成性代理关系风险的测量模型，应用目标冲突和信息不对称两个一阶变量的成熟量表，有效克服了以一般反映型构念来测量这种风险问题的弊端，提高了问卷的回收率，提高了信效度。此外，任务复杂度具有多重定义，因此在测量上也有多种测量，着重点也不同。由于本研究中关注的是不同产品类型下代理关系风险控制的不同，因此基于对不同产品类型的对比，发现不同产品类型具有不同的任务属性，选择了以任务的客观属性定义的任务复杂度，也就是任务测量性和程序性的不同决定了任务的不同复杂程度。基于任务复杂度的决定因素，构建了二阶反映型—形成性任务复杂度的测量模型，能够有效体现由于产品类型的不同所导致的风险控制不同。正是由于应用代理理论分析了供应链与外包中的代理关系风险，并对代理关系风险进行有效测量，同时应用代理理论分析了代理成本的影响因素，对任务复杂度进行了有效测量，为下一步研究在不同产品类型的权变情景下这种独特风险的控制打下一定基础。

3. 正式控制与非正式控制之间的补充关系

传统的供应链企业间关系治理理论主要基于交易成本理论、资源基础观等理论，认为伙伴关系是建立契约，以及伙伴成员需要进行资源的互补和融合。因此，企业间关系治理理论一方面强调正式的契约治理，另一方面又强调非正式的关系治理。有的学者认为这两者之间是互为补充的关系，有的学者认为是互为替代的关系。同样，作为治理机制集中体现的正式控制与非正式控制之间也存在这种理论上的争论。本研究基于这些争论以及对于非正式控制的分类，论证了行为控制对基于专用资产和信任的非正式控制有积极作用，并得到实证数据支持。但结果控制对基于信任和专用资产的非正式控制的效应不显著，说明结果控制通过其他因素发挥的效用机理不明，而行为控制却需要配合基于信任和专用资产的非正式控制才能发挥效用，降低代理关系风险。

4. 任务复杂度的权变作用

根据权变理论，世界上没有统一的战略适用于所有企业。反言之，同样的战略应用于不同的企业所能发挥的效果也不同，而影响这种战略所发挥效应不同的是诸如环境、组织、任务等情景因素。本研究中任务复杂度就是上述的情景因素，是一种调节变量，由任务的客观属性测量性和程序性决定。本研究论证了任务复杂度对结果控制、信任和专用资产降低代理关系风险效应的调节作用，并得到了实证数据支持，对代理理论中测量性和程序性两个代理变量应用于现实世界的复杂诠释进行了有益的探讨。同时，也证明在中国情境下，任务复杂度比较高时，结果控制的效用在下降，但信任和专用资产的效用在上升，因此需要进一步扩大生产性服务业中第三方机构和社会声誉的影响，促进信任的产生，发挥信任降低代理关系风险的效应。同时通过采取合同约定、力量对比和多客户选择等措施促进代理方投入专用资产，专用资产的投入不仅包括专用人员、设备、场地等，还包括关系型专用资产，从而构建双方的紧密关系，有效控制代理方的不合作与机会主义行为。

11.3　实践意义与管理建议

代理风险控制有不同的正式控制和非正式控制组合，对降低代理关系风险的效应不同，同时在不同的任务复杂度情况下，这种效应也在发生变化。

1. 在全球供应链与外包中，有不同的供需关系，其中传递的产品与服务也有不同类型，不同企业由此也取得了不同的业绩。因此，企业在对供应链进行管理的过程中，必须谨慎考虑其潜在的风险，以系统的、长期的观点来进行物流供应链与外包的管理，以防范潜在的各种风险，这其中就包括代理关系风险。因此，只有了解不同的控制模式在不同的任务复杂度下，对降低代理关系风险的效应有什么不同，才能有的放矢地有效规避风险，获取企业预期目标。

2. 在高度竞争的全球化市场上，要获取超出单个企业的合作绩效，供应链成员企业必须根据供需双方的状况建立紧密长期的合作关系。在合作中，充分发挥正式控制与非正式控制的补充作用、行为控制与结果控制的补充作用以及信任与专用资产的补充作用，才能促使整体战略的实现和整体绩效的提高。

3. 此外，供应链中的部分关键决策信息以及信任都是一个动态的、不断强化的过程。企业必须不断地审视自己和合作者，校准双方的预期目标，加强沟通和信息分享，才能在合作中采取正确的控制模式，实现交易绩效的提高。

4. 在任务复杂度相对较低的供应链与外包中，要在短期内降低代理关系风险可以采取结果控制，而要长期控制代理关系风险处于一个较低水平，则需要靠行为控制与非正式控制以补充关系作用于代理关系风险。

5. 大力发展生产性服务行为的第三方评判标准机构，只有通过社会声誉的影响，促使基于信任的非正式控制发挥其降低代理关系风险的显著作用，才能实现制造业与生产性服务业的联动发展，使高端产品外包得到更广泛的利用，从而能够通过服务创造更高的附加价值。

6. 进一步扩充外包企业的专业人员配备，培训提高外包管理人员的供应链管理知识水平，通过降低信息与知识的不对称性，促进高端产品外包的成功开展。

后　记

尽管本研究对全球供应链与外包风险中的代理关系风险与风险控制的作用机理进行了一些有益的探索,采取实证研究,辅助于多案例分析,验证了正式控制与非正式控制以补充关系在不同任务复杂度调节下通过降低代理关系风险进而获取交易绩效的路径效应,获得了一些有意义的结论,但难免还存在以下几个方面的局限性与不足。

首先,存在数据类型与变量测量问题。本研究所关注的代理关系风险来源:目标冲突与信息不对称都属于变动因素,而控制则是实现其变动的工具,而这种影响会具有一定时滞性。此外,控制模式也具有动态性(Choudhury et al.,2003),动态变化之中的变量测量就成为一个大问题。因此,根据这种共变性,本研究采取对实际控制模式进行测量,用某一时间点的横截面数据分析会存在一定误差问题。未来如果能采用面板数据进行研究,可以更深入地探讨代理关系风险与控制模式之间的关系。

其次,对外部环境等其他类型风险的控制研究分析还未真正涉及。外包风险来自多个方面,本研究仅只关注了供需之间关系层面的链内风险,而对于来自广泛来源的外部环境风险等只初步涉及,但还不够深入。因此得到的只是特定类型风险的控制机制以及众多影响关系中的一条路径,而实践当中还存在不同类型风险的交互作用以及其他路径关系,可以通过深入挖掘以进行相互验证,在此基础上才能形成对供应链风险管理的全面认识。

再次,在全球供应链风险管理中存在的结构和运作矛盾还未充分解决。尽管本研究以正式控制与非正式控制的补充关系在一定程度上解决了供应链运作方面控制与授权之间的矛盾,但对于其他矛盾还缺乏深入研究,未寻找到合适的解决方法。

当前,全球供应链与外包风险的研究还很不充分。随着经济增长阶段进入一个较长的转换期,以及全球公共卫生事件的影响消除,全球供应链也将进入一个集中爆发期,市场环境不确定性较大,全球供应链与外包风险研究越来越急切地需要有更加完善的理论进行指导。因此在本研究的基础上,未来的研究方向包括但不仅限于以下几个方面。

首先，研究基于一定的前因变量影响下不同的控制选择问题。

根据 Das and Teng（2001A）指出关系状况决定着关系结构的设计，因此，需方所认知的代理关系风险决定着需方采取的风险控制模式。但由于控制具有共变性，将其作为结果变量的问题有可能是实际执行中的控制模式并非最优选择。正是考虑到这种动态性问题以及实际执行中的控制模式非最优化的问题，Poppo 和 Zenger（1998）在研究中，采用了"决策式（decision-making）"的测量方法，从而确保正是在前因变量的影响下需要采取的最优的控制模式，避免了控制模式的变异给研究带来不正确的影响。当然，采用实验法来获取相关数据，在控制得当的情况下也可避免这种共变性影响，从而在代理关系风险与风险控制模式之间建立另一种联系。

其次，研究综合平衡的全球供应链风险管理体系建设。

全球供应链风险来源与驱动因素不同，表现出来的特征也不同，需要应用不同的风险控制战略，其中不同风险的交叉影响也不可忽视。此外，在全球供应链风险管理中，矛盾无处不在，但不同的矛盾会体现出千差万别的属性，要求有不同的应对策略。而在全球供应链风险管理中，从国家到产业，尤其是具体的企业，都无法置身事外。因此下一步可以通过对供应链风险管理的矛盾处理中，全面认识不同类型的全球供应链风险，深入论证不同控制组合模式的效用，从国家、产业、企业等角度进行全面平衡的全球供应链风险管理体系建设。

总之，全球供应链及其风险管理是一个跨学科的研究主题，只有通过不同学科研究结果的相互引证，才能不断拓展该主题的研究工作，提高全球供应链安全程度，为海南自贸港建设、中国经济发展以及世界经济繁荣带来进一步的理论与实践创新。

致　谢

　　本研究得以成书，首先要感谢笔者的导师宋华教授，他让笔者学习到如何应用基础理论开展应用型研究；其次要感谢同师门的张彦和刘林艳师姐，她们分别从供应链风险和服务管理领域为笔者提供了宝贵建议；再次要感谢笔者的家人贾景瑞和贾子琪女士为本书不厌其烦地进行了多轮校对与修改！

参考文献

1. 郭捷. 全球供应链管理的效率、均衡和风险问题［J］. 技术经济与管理研究，2011（08）.

2. 郭晓阳. 基于关系风险的物流外包风险实证研究［J］. 企业经济，2012（06）.

3. 黄烨菁，张纪. 跨国外包对接包方技术创新能力的影响研究［J］. 国际贸易问题，2011（12）.

4. 贾景姿，宋华，曾鸣. 服务外包关系风险的形成性测量模型建构［J］. 吉林工商学院学报，2019，35（02）.

5. 贾景姿，宋华，曾鸣. 企业外包关系风险来源及控制对策［J］. 经营与管理，2019（04）：115-118.

6. 郎永峰，任志成. 承接国际服务外包的技术溢出效应研究：基于服务外包基地城市软件行业的实证分析［J］. 国际商务研究，2011（5）.

7. 刘易斯·威尔斯（Louis T. Wells）. 第三世界跨国公司［M］. 叶刚，杨宇光译. 上海翻译出版公司，1986. 译自1983年版麻省理工学院出版.

8. 刘汕，张金隆，陈涛. 企业IT项目控制模式对绩效的影响研究［J］. 科研管理，2012（07）.

9. 鲁桐. WTO与中国企业国际化［M］. 中共中央党校出版社，2000.

10. 骆温平. 高端物流服务［M］. 北京：中国人民大学出版社，2012.

11. 吕力. 案例研究：目的、过程、呈现与评价［J］. 科学学与科学技术管理，2012（06）.

12. 马丽娜. 企业物流外包风险的识别与控制研究［D］. 哈尔滨理工大学，2011.

13. 彭维刚（Mike W. Peng）. 全球商务［M］. 刘益等译. 北京：中国人民大学出版社，2009.

14. 宋华. 服务供应链［M］. 北京：中国人民大学出版社，2012.

15. 宋华，贾景姿. 全球供应链模型构建及相关研究述评［J］. 商业研究，

2014 (2).

16. 宋华，贾景姿. 走向全球——全球供应链的形成机制研究述评 [J]. 经营与管理，2014 (1).

17. 宋华，刘林艳. 服务外包的影响因素、组织方式与治理机制探究：一个理论框架 [J]. 预测，2012 (04).

18. 宋华，刘林艳，李文青. 企业国际化、供应链管理实践与企业绩效关系：基于中国上市公司面板数据的研究 [J]. 科学学与科学技术管理，2011 (10).

19. 谭力文，马海燕. 全球外包下的中国企业价值链重构 [J]. 武汉大学学报，2006 (2).

20. 萧文龙. 统计分析 SPSS 中文版+PLS_ SEM (SmartPLS) [M]. 台北：基峰，2013.

21. 肖艳玲，徐福缘. 战略联盟的道德风险及其防范对策 [J]. 科学管理研究，2003 (01).

22. 严兴全，周庭锐，李雁晨. 信任、承诺、关系行为与关系绩效：买方的视角 [J]. 管理评论，2011 (03).

23. 姚靠华，蒋艳辉. 战略性服务外包合作伙伴懈怠风险分析与控制 [J]. 求索，2011.

24. 张明志. 国际外包对发展中国家产业升级影响的机理分析 [J]. 国际贸易问题，2008.

25. Adler P. Market, hierarchy, and trust：the knowledge economy and the future of capitalism. Organization Science, 2001, 12 (2).

26. Alchian, A. and Demsetz, H. Production, information costs, and economic organization. American Economic Review, 1972.

27. Anderson, J. C. A measurement model to assess measure-specific factors in multiple-informant research. Journal of Marketing Research, 1985.

28. Anderson, J. C., & Narus, J. A. A model of distributor firm and manufacturer firm working partnerships. the Journal of Marketing, 1990, 42-58.

29. Anderson, J. C., & Gerbing, D. W. Structural equation modeling in practice：A review and recommended two-step approach. Psychological bulletin, 1988, 103 (3).

30. Ansoff, H. I. Corporate strategy：An analytic approach to business policy for growth and expansion. Penguin books, 1970.

31. Armstrong, J. S., & Overton, T. S. Estimating non response bias in mail

surveys. Journal of marketing research, 1977.

32. Arnaud Costinot, Jonathan Vogel And Su Wang. An Elementary Theory of Global Supply Chains, Review of Economic Studies, 2013.

33. Artz, K. W. , & Brush, T. H. Asset specificity, uncertainty and relational norms: an examination of coordination costs in collaborative strategic alliances. Journal of Economic Arrow, K. J. (1965). Aspects of the theory of risk-bearing. Yrjö Jahnssonin Säätiö, 2000.

34. Arrow, K. "The economics of agency", in Pratt, J. and Zeckhauser, R. (Eds), Principals and Agents: The Structure of Business, Harvard University Press, Boston, MA, 1985.

35. Axelrod, R. The Evolution of. Cooperation (New York: Basic, 1984, 3.

36. Bagozzi RP, Yi Y. On the evaluation of structural equation models. Journal of the Academy of Marketing Science, 1988, 16 (1) .

37. Baker, G. , Gibbs, M. , & Holmstrom, B. The wage policy of a firm. The Quarterly Journal of Economics, 1994.

38. Baiman, S. Agency research in managerial accounting: A second look. Accounting, Organizations and Society, 1990, 15 (4) .

39. Bazyar, A. , Teimoury, E. , & Fesharaki, M. N. A decision-process model of relational risk and governance and their impact on performance. The International Journal of Advanced Manufacturing Technology, 2013, 69 (1–4) .

40. Beamon, B. M. "Measuring supply chain performance", International Journal of Operations & Production Management, 1999, Vol. 19.

41. Becker, J. -M. , Klein, K. , and Wetzels, M. Hierarchical Latent Variable Models in PLS-SEM: Guidelines for Using Reflective-Formative Type Models. Long Range Planning 2012, 45 (5–6) .

42. Bergen, M. , Dutta, S. , & Walker Jr, O. C. Agency relationships in marketing: a review of the implications and applications of agency and related theories. The Journal of Marketing, 1992, 1–24.

43. Berkowitz Marvin and Mohan Krishna. The Role of Global Procurement in the Value Chain of Japanese Steel. Columbia Journal of World Business, 1987, 22 (4)

44. Birnberg, J. G. Control in interfirm co-operative relationships. Journal of Management Studies, 1998, 35 (4).

45. Boon, S. D. , & Holmes, J. G. The dynamics of interpersonal trust:

Resolving uncertainty in the face of risk. Cooperation and prosocial behavior, 1991.

46. Braun Irene et al. , HR outsourcing and service quality: theoretical framework and empirical evidence, Personnel Review, 2011, Vol. 40 Iss 3.

47. Bradach, J. L. , & Eccles, R. G. Price, authority, and trust: From ideal types to plural forms. Annual review of sociology, 1989.

48. Bregman et al. The effect of controversial global sourcing practices on the ethical judgments and intentions of U. S. consumers, Journal of Operations Management 36, 2015.

49. Boyer, B. A. , Megli, T. W. , & Stockhausen, W. F. U. S. Patent No. 6, 647, 947. Washington, DC: U. S. Patent and Trademark Office, 2003.

50. Buckley, P. J. , & Casson, M. The Future of the Multinational Enterprise national Enterlmse, New York Holmes meter, 1996.

51. Buckley, P. J. , & Casson, M. An economic model of international joint venture strategy. Journal of international business studies, 1996.

52. Cai, S. , Jun, M. and Yang, Z. Implementing supply chain information integration in China: the role of institutional forces and trust, Journal of Operations Management, Vol. 28, 2010.

53. Campbell, D. J. The effects of goal − contingent pay − ment on the performance of a complex task. Personnel Psychology, 1984.

54. Caniato F. et al. The effect of global supply chain configuration on the relationship between supply chain improvement programs and performance, Int. J. Production Economics, 2013.

55. Caniëls, M. C. J. , Gelderman, C. J. , Safeguarding effect of governance mechanisms in inter firm exchange: the decisive role of mutual opportunism. British Journal of Management 21, 2010.

56. Caniëls, M. C. , Gelderman, C. J. , & Vermeulen, N. P. The interplay of governance mechanisms in complex procurement projects. Journal of Purchasing and Supply Management, 2012, 18 (2).

57. Cantwell J. anal Tolentino E. Technological accumulation and third world multinationals, Discussion Papers in International Investment Managements, No 139, Department of Economics University of Reading, Series B, III, 1990.

58. Carr, A. and Kaynak, H. Communication methods, information sharing, supplier development and performance: an empirical study of their relationships, International Journal of Operations & Production Management, 2007, Vol. 27.

59. Cheng, J. H., & Fu, Y. C. Inter – organizational relationships and knowledge sharing through the relationship and institutional orientations in supply chains. International Journal of Information Management, 2013, 33 (3).

60. Cheng Jao – Hong, Chen Mu – Chung. Influence of institutional and moral orientations on relational risk management in supply chains. Journal of Purchasing & Supply Management. 2016, 22.

61. Cheon, M. J., Grover, V. and Teng, T. C. Theoretical perspectives on the outsourcing of information systems, Journal of Information Technology, 1995, Vol. 10.

62. Choudhury, V. and Sabherwal, R. Portfolios of Control in Outsourced Software Development Projects [J]. Information Systems Research, 2003, 14 (3).

63. Choi CB, Beamish PW. Split management control and international joint venture performance. Journal ofInternational Business Studies, 2004 (35).

64. Chopra, S. and Sodhi M. S. Managing risk to avoid supply – chain reakdown. Sloan Management Review, 2004, 46 (1).

65. Christopher, M. G.. Supply Chain Vulnerability, Report for Department of Transport, Local Government and the Regions. Cranfield: Cranfield University, 2002.

66. Christopher, M., & Lee, H. Mitigating supply chain risk through improved confidence. International Journal of Physical Distribution & Logistics Management, 2004, 34 (5).

67. Ciliberti, F., De Haan, J., De Groot, G., & Pontrandolfo, P. CSR codes and the principal – agent problem in supply chains: four case studies. Journal of Cleaner Production, 2011, 19 (8).

68. Cooper, M. C., & Ellram, L. M. Characteristics of supply chain management and the implications for purchasing and logistics strategy. The International Journal of Logistics Management, 1993, 4 (2).

69. Coleman, J. S. Relations of trust. Foundations of Social Theory, Cambridge, London, 1990.

70. Das, T. K., & Teng, B. S. Risk types and inter–firm alliance structures *. Journal of management studies, 1996, 33 (6).

71. Das, T. K., & Teng, B. S. Between trust and control: Developing confidence in partner cooperation in alliances. Academy of management review, 1998, 23 (3).

72. Das, T. K. , & Teng, B. S. Managing risks in strategic alliances. The Academy of Management Executive, 1999, 13 (4).

73. Das, T. K. , & Teng, B. S. Trust, control, and risk in strategic alliances: An integrated framework. Organization studies, 2001A, 22 (2).

74. Das, T. K. , & Teng, B. S. A risk perception model of alliance structuring. Journal of International Management, 2001B, 7 (1).

75. Das, T. K. , & Teng, B. S. Relational risk and its personal correlates in strategic alliances. Journal of Business and Psychology, 2001C, 15 (3).

76. Das, T. K. , & Rahman, N. Partner misbehaviour in strategic alliances: Guidelines for effective deterrence. Journal of General Management, 2001, 27 (1).

77. David, R. J. , & Han, S. K. A systematic assessment of the empirical support for transaction cost economics. Strategic management journal, 2004, 25 (1).

78. Delerue, H. "Relational risks perception in European biotechnology alliances: the effect of contextual factors", European Management Journal, 2004, Vol. 22.

79. Delerue, H. Relational risk perception and alliance management in French biotechnology SMEs. European Business Review, 2005, 17 (6).

80. Dingwall, R. Introduction. In R. Dingwall & P. Lewis (Eds.), The sociology of professions: 1-13. New York: St. Martin's Press, 1983.

81. Doney, P. M. and Cannon, J. P. An examination of the nature of trust in buyer-seller relationships, Journal of Marketing, 1997, Vol. 61.

82. Deardorff, Alan V. Weak Links in the Chain of Comparative Advantage. Journal of International Economics, 1979, 9 (2).

83. Dunning J. H. Toward an Eclectic Theory of International Production. Journal of International Business Studies [J]. 1980.

84. Dutta, P. K. Strategies and games: theory and practice. MIT press, 1999.

85. Dyer Jeffrey H. and Chu Wujin the Determinants of Trust in Supplier-Automaker Relationships in the U. S. Japan and Korea, Journal of International Business Studies, 2000, 31 (2),

86. Dyer, J. and Singh, H. The relational view: cooperative strategy and sources of interorganizational competitive advantage . Academy of Management Review, 1998, 23.

87. Eisenhardt, K. M. Agency- and institutional-theory explanations: The case

of retail sales compensation, Academy of Management Journal, 3J, 1988.

88. Eisenhardt, K. M. Agency theory: An assessment and review, Academy of Management Review, 1A, 1989.

89. Eisenhardt, K. M. Building theories from case study research, Academy of Management Review [J], 1989A, Vol. 14.

90. Ellram, L. M., Tate, W. L., & Billington, C. Understanding and managing the services supply chain. Journal of Supply Chain Management, 2004, 40 (3).

91. Fama, E. Agency problems and the theory of the firm, Journal of Political Economy, 1980.

92. Fama, E. and M. C. Jensen Separation of ownership and control, Journal of Law and Economics, 1983.

93. Fayezi Sajad, O' Loughlin Andrew and Zutshi Ambika. Agency theory and supply chain management: a structured literature review Supply Chain Management: An International Journal, 2012, Volume 17.

94. Ferguson, R. J., Paulin, M., & Bergeron, J. Contractual governance, relational governance, and the performance of interfirm service exchanges: The influence of boundary − spanner closeness. Journal of the Academy of Marketing Science, 2005, 33 (2).

95. Flynn, B. B. and Flynn, E. J. Synergies between supply chain management and quality management: emerging implications, International Journal of Production Research, 2005, Vol. 43.

96. Fransoo J. C. and Lee C. Y. Critical Role of Ocean Container Transport, Production and Operations Management, 2013, 22 (2).

97. Fornell C, Larcker D. Structural equation models with unobservable variables and measurement error. Journal of Marketing Research, 1981, 18 (1).

98. Gambetta, D. Trust: Making and breaking cooperative relations, 1988.

99. Gao, T., M. J. Sirgy and M. M. Bird. Reducing Buyer DecisionMaking Uncertainty in Organizational Purchasing: Can Supplier Trust, Commitment, and Dependence Help?, Journal of Business Research, 2005, (58: 4).

100. Gilmore, J. H., & Pine, B. J. II, The four faces of customization. Harvard Business Review, 1997, 75 (1).

101. Gebauer, H. Identifying service strategies in product manufacturing companies by exploring environment − strategy configurations. Industrial Marketing

Management, 2008, 37 (3).

102. Gefen, D., Wyss, S., & Lichtenstein, Y. Business familiarity as risk mitigation in software development outsourcing contracts. MIS quarterly, 2008.

103. Gibbon Peter. At the Cutting Edge? Financialisation and UK Clothing Retailers Global Sourcing Patterns and Practices. Competition and Change, 2002, 6 (3)

104. Golicic, S. L., & Mentzer, J. T. An empirical examination of relationship magnitude. Journal of Business Logistics, 2006, 27 (1).

105. Goodale J. C. et al. Influence factors for operational control and compensation in professional service firms, Journal of Operations Management, 2008.

106. Goo, J., Kishore, R., Rao, H. R., & Nam, K. The role of service level agreements in relational management of information technology outsourcing: an empirical study. Mis Quarterly, 2009.

107. Goodman P, Fichman M, Lerch FJ, Snyder P. Customer - firm relationships, involvement, and customer satisfaction. Academy of Management Journal, 1995, 38 (5).

108. Goold, M., & Campbell, A. Managing the diversified corporation: the tensions facing the chief executive. Long Range Planning, 1988, 21 (4).

109. Govindarajan, V., & Fisher, J. Strategy, control systems, and resource sharing: Effects on business - unit performance. Academy of Management journal, 1990, 33 (2).

110. Goyal S K. A joint economic lot size model for purchaser and vendor: a comment [J]. Decision Science, 1988, (19).

111. Griffis Stanley E. et al. Assessing Antecedents of Socially Responsible Supplier Selection in Three Global Supply Chain Contexts, Decision Sciences, 2014, Volume 45.

112. Grossman, Gene M. and Helpman, Elhanan. Integration versus Outsourcing in Industry Equilibrium. Quarterly Journal of Economics, 2006, 117 (1).

113. Gulati, R. Does familiarity breed trust? The implications of repeated ties for contractual choice in alliances. Academy of management journal, 1995, 38 (1).

114. Gundlach, G. T., & Murphy, P. E. Ethical and legal foundations of relational marketing exchanges. The Journal of Marketing, 1993.

115. Gwinner, K. P. , Gremler, D. D. , & Bitner, M. J. Relational benefits in services industries: the customer's perspective. Journal of the academy of marketing science, 1998, 26 (2).

116. Haakonsson Jessen Stine, Jensen Peter D. Ørberg and Mudambi Susan M. A co - evolutionary perspective on the drivers of international sourcing of pharmaceutical R&D to India, Journal of Economic Geography, 2013.

117. Halldo'rsson, A. and Skjott - Larsen, T. Dynamics of relationship governance in TPL arrangements - a dyadic perspective, International Journal of Physical Distribution & Logistics Management, 2006, Vol. 36.

118. Handfield, R. , & McCormack, K. P. (Eds.). Supply chain risk management: minimizing disruptions in global sourcing. CRC press, 2007.

119. Handley S. M. , Benton W. C. Jr. The influence of task and location - specific complexity on the control and coordination costs in global outsourcing relationships, Journal of Operations Management, 2013.

120. Hair JF, Anderson RE, Tatham RL, Black WC. Multivariate data analysis (5th Ed.). Upple Saddle River, New Jersey: Prentice Hall, 1998.

121. Hair JF, Anderson RE, Tatham RL, Black WC. Multivariate data analysis (6th ed.). Upper Saddle River, NJ: Prentice Hall, 2006.

122. Hammami et al. A scenario-based stochastic model for supplier selection in global context with multiple buyers, currency fluctuation uncertainties, and price discounts, European Journal of Operational Research, 2014.

123. Heide, J. B. Plural governance in industrial purchasing. Journal of Marketing, 2003, 67 (4).

124. Heide, J. B. , & John, G. Alliances in industrial purchasing: The determinants of joint action in buyer - supplier relationships. Journal of marketing Research, 1990.

125. Helpman, Elhannan. International Organization of Production and Distribution. NBER Reporter: Research Summary, Summer, 2006.

126. Henderson, J. C. , & Lee, S. Managing I/S design teams: a control theories perspective. Management Science, 1992, 38 (6).

127. Hendricks, K. B. and Singhal, V. R. Association between Supply Chain Glitches and Operating Performance. Management Science, 2005, 51 (5).

128. Hendricks, K. B. , Singhal, V. R. , and Zhang, R. R. The effect of operational slack, diversification, and vertical relatedness on the stock market

reaction to supply chain disruptions. Journal of Operations Management, 2009.

129. Hinds, P. and Mortensen, M. Understanding conflict in geographically distributed teams: an empirical investigation, Organization Science, 2005, Vol. 16.

130. Holcomb, T. R. and Hitt, M. A. Toward a model of strategic outsourcing Journal of Operations Management, 2007, Vol. 25.

131. Holger Grg, Aoife Hanley, Eric Strobl, Outsourcing, Foreign Owner ship, Exporting and Productivity: An Empirical Investigation with Plant Level Data [R], Globalizations, Productivity and Technology Research Paper, 2004.

132. Horn et al. Internal integration as a pre-condition for external integration in global sourcing: A social capital perspective, Int. J. Production Economics, 2014.

133. Hosmer, L. T. Trust: The connecting link between organizational theory and philosophical ethics. Academy of management Review, 1995, 20 (2).

134. Hsu, C. C., Kannan, V. R., Keong Leong, G., & Tan, K. C. Supplier selection construct: instrument development and validation. The International Journal of Logistics Management, 2006, 17 (2).

135. Hsu, C. C., Kannan, V. R., Tan, K. C., & Keong Leong, G. Information sharing, buyer-supplier relationship and firm performance: A multi-region analysis. International Journal of Physical Distribution & Logistics Management, 2008, 38 (4).

136. Hymer Stephen H. The International Operations of National Firms: Study of Direct Foreign Investment, M. I. T. Press, 1960.

137. Hypko, P., Tilebein, M., & Gleich, R. Benefits and uncertainties of performance-based contracting in manufacturing industries: An agency theory perspective. Journal of Service Management, 2010, 21 (4).

138. Ian D. Blackman Christopher P. Holland Timothy Westcott, Motorola's global financial supply chain strategy, Supply Chain Management: An International Journal, 2013, Vol. 18.

139. Ibrahim, M., & Nicolaou, A. I. An Examination of Familiarity, Risk and Trust in Inter-Organizational Data Exchange Relationships. InAMCIS, 2011.

140. Jap, S. D., & Anderson, E. Safeguarding interorganizational performance and continuity under ex post opportunism. Management Science, 2003, 49 (12).

141. Jap, S. D. Pie-expansion efforts: collaboration processes in buyer-supplier relationships. Journal of marketing Research, 1999.

142. Jap, S. D. Perspectives on joint competitive advantages in buyer-supplier relationships. International Journal of Research in Marketing, 2001, 18 (1).

143. Jaworski, B. J., & MacInnis, D. J. Marketing jobs and management controls: toward a framework. Journal of Marketing Research, 1989.

144. Jensen, M. C. and Mechling, W. H. Theory of the firm: managerial behavior, agency costs and ownership structure, Journal of Financial Economics, 1976, Vol. 3.

145. Jensen, M. C. Organization theory and methodology, The Accounting Review, 1983, Vol. 58.

146. JiaFu, Rutherford Christine. Mitigation of supply chain relational risk caused by cultural differences between China and the West, The International Journal of Logistics Management, 2010, Vol. 21 Iss.

147. Johanson J & Vahlne J E. The Internationalization Process of the Firm A Model of Knowledge Development anal Increasing Foreign Market Commitment [J], Journal of International Business Studies, 1977, Vol 8.

148. Johanson J. & Weidersheim-paul. The Internationalization of the firm Four Swedish Cases [J], Journal of Management Studies, 1975, Vol 12.

149. Jury Gualandris Ruggero Golini Matteo Kalchschmidt. Do supply management and global sourcing matter for firm sustainability performance?, Supply Chain Management: An International Journal, 2014, Vol. 19.

150. Jüttner, U., Peck, H., & Christopher, M. Supply chain risk management: outlining anagenda for future research. International Journal of Logistics: Research and Applications, 2003, 6 (4).

151. Kamminga PE, Van MJ. Management control patterns in joint venture relationships: A model and an exploratory study. Accounting, Organizations and Society, 2007, 32 (1).

152. Kenney Martin and Florida Richard. The Transfer of Japanese Management Styles in Two US Transplant Industries: Autos and Electronics. Journal of Management Studies, 1995, 32 (6).

153. Ketchen, D. J. and Hult, G. T. M. Bridging organization theory and supply chain management: the case of best value supply chains, Journal of Operations Management, 2007, Vol. 25.

154. Kerstin IreneBraun, Pull Dorothea Alewell Susi Störmer Kirsten Thommes. HR outsourcing and service quality: theoretical framework and empirical evidence",

Personnel Review, 2011, Vol. 40.

155. Kim, K., & Frazier, G. L. Measurement of distributor commitment in industrial channels of distribution. Journal of Business Research, 1997, 40 (2).

156. Kirsch, L. The Management of Complex Tasks in Organizations: Controlling the Systems Development Process [J]. Organization Science, 1996, 7 (1).

157. Kirsch, L. Portfolios of Control Modes and IS Project Management [J]. Information Systems Research, 1997, 8 (3).

158. Kirsch, L., Sambamurthy, V., Ko, D. and Purvis, R. Controlling Information Systems Development Projects: The View from the Client [J]. Management Science, 2002 (4).

159. Klein, G., Beranek, P., Martz, B. and Jiang, J. The Relationship of Control and Learning to Project Performance [J]. Cybernetics and Systems: International Journal, 2006, 37 (2/3).

160. Krafft Manfred. An Empirical Investigation of the Antecedents of Sales Force Control Systems, Journal of Marketing, 1999, Vol. 63.

161. KraiselburdS. and Yadav P. Supply Chains and Global Health, Production and Operations Management 2013, 22 (2).

162. Kremic Tibor, Tukel Oya Icmeli, Rom Walter O. Outsourcing decision support: a survey of benefits, risks, and decision factors, Supply Chain Management: An International Journal, 2006, Vol. 11.

163. Kramer, R. M. Trust and distrust in organizations: Emerging perspectives, enduring questions. Annual review of psychology, 1999, 50 (1).

164. Krishnan, R., Martin, X., & Noorderhaven, N. G. When does trust matter to alliance performance? . Academy of Management journal, 2006, 49 (5).

165. Kojima, K., Direct Foreign Investment: A Japanese Model of Multinational Business Operations [M], London: Croom Helm, 1978.

166. Kotabe, M., Martin, X., & Domoto, H. Gaining from vertical partnerships: knowledge transfer, relationship duration, and supplier performance improvement in the US and Japanese automotive industries. Strategic management journal, 2003, 24 (4).

167. Kumar, N., Scheer, L. K., and Steenkamp, J. -B. E. M. The Effects of Perceived Interdependence on Dealer Attitudes, Journal of Marketing Research, 1995 (32: 3). .

168. Lall Sanjaya The Pattern of Intra-firm Exports by U. S. Multinationals, Oxford Bulletin of Economics and Statistics, 1978.

169. Lall, Sanjaya. The emergence of third world multinationals, World Development, 1982, 10 (2).

170. Lane Christal, Bachman Reinhard The Social constitution of Trust: Supplier Relations in Britain and Germany, Organization Studies, 1996, 17 (3).

171. Langfield-Smith K., Smith D. Management control systems and trust in outsourcing relationships/Management Accounting Research, 2003.

172. Lassar WM, Kerr J L. Strategy and control in supplier distributor relationships: an agency perspective [J]. Strategic Management Journal, 1996, 17 (8).

173. Latham, G., & Yukl, G. A review of research on the application of goal-setting in organizations. Academy of Management Journal, 1975.

174. Larson, M. S. The rise of professionalism: A sociological analysis. Berkeley, CA: University of California Press, 1977.

175. Larson, A. Network dyads in entrepreneurial settings: A study of the governance of exchange relationships. Administrative science quarterly, 1992.

176. Lee, R. P., & Johnson, J. L. Managing Multiple Facets of Risk in New Product Alliances *. Decision Sciences, 2010, 41 (2).

177. Leifer, R., & Mills, P. K. An information processing approach for deciding upon control strategies and reducing control loss in emerging organizations. Journal of Management, 1996, 22 (1).

178. Leiblein, M. J. The choice of organizational governance form and performance: Predictions from transaction cost, resource-based, and real options theories. Journal of management, 2003, 29 (6).

179. Levinthal, D., & Myatt, J. Co-evolution of capabilities and industry: the evolution of mutual fund processing. Strategic Management Journal, 1994, 15 (S1).

180. Li Zhao Baofeng Huo Linyan Sun Xiande Zhao. The impact of supply chain risk on supply chain integration and company performance: a global investigation, Supply Chain Management: An International Journal, 2013, Vol. 18.

181. Liu, L. F., Wang, S. L., & Yan, L. The impact of supply chain control on supply chain relational risk An empirical investigation from manufacturing firms in China. In Industrial Engineering and Engineering Management (IE&EM), 2011

IEEE 18Th International Conference on（pp. 1560-1564）. IEEE, 2011.

182. Logan, M. Using agency theory to design successful outsourcing relationships, The Inter national Jour nal of Log istics Management, 2000, Vol. 11.

183. Lovelock, C. H. Developing frameworks for understanding service marketing. Services marketing. New Jersey: Prentice-Hall, 1991.

184. Luo, Y. , Shenkar, O. , & Nyaw, M. K. A dual parent perspective on control and performance in international joint ventures: Lessons from a developing economy. Journal of international business studies, 2001, 32（1）.

185. Lusch, R. F. , & Brown, J. R. Interdependency, contracting, and relational behavior in marketing channels. The Journal of Marketing, 1996.

186. Luhmann, N. Trust; and, Power: two works by Niklas Luhmann. Chichester: Wiley, 1979.

187. Macneil, I. R. Economic analysis of contractual relations: its shortfalls and the need for a rich classificatory apparatus. Nw. UL Rev. , 1980.

188. Madhok, A. Revisiting multinational firms' tolerance for joint ventures: A trust-based approach. Journal of international Business studies, 1995.

189. Manuj, I. , & Mentzer, J. T. Global supply chain risk management strategies. International Journal of Physical Distribution & Logistics Management, 2008, 38（3）.

190. March J G, Simon HA. Organizations. John Wiley: New York, 1958.

191. March, J. G. , & Shapira, Z. Managerial perspectives on risk and risk taking. Management science, 1987, 33（11）. .

192. Marsillac E. , Roh J. J. Connecting product design, process and supply chain decisions to strengthen global supply chain capabilities, Int. J. Production Economics, 2014.

193. Mayer, R. C. , Davis, J. H. , & Schoorman, F. D. An integrative model of organizational trust. Academy of management review, 1995, 20（3）.

194. McAllister, D. J. Affect-and cognition-based trust as foundations for interpersonal cooperation in organizations. Academy of management journal, 1995, 38（1）.

195. McEvily, B. , Perrone, V. and Zaheer, A. Trust as an organizing principle. Organization Science, 2003.

196. Miguel González - Loureiro Marina Dabic Francisco Puig. Global organizations and supply chain, International Journal of Physical Distribution &

Logistics Management, 2014, Vol. 44.

197. Morgan, R. M., & Hunt, S. D. The commitment – trust theory of relationship marketing. the journal of marketing, 1994.

198. Morgan, N. A., Kaleka, A. and Gooner, R. A. "Focal supplier opportunism in supermarket retailer category management", Journal of Operations Management, 2007, Vol. 25.

199. Mohr, J., & Spekman, R. Characteristics of partnership success: partnership attributes, communication behavior, and conflict resolution techniques. Strategic management journal, 1994, 15 (2).

200. Mouritsen, J., Hansen, A., & Hansen, C. Ø. Inter – organizational controls and organizational competencies: episodes around target cost management/ functional analysis and open book accounting. Management Accounting Research, 2001, 12 (2).

201. Mitchell, V. W. Organizational risk perception and reduction: a literature review. British Journal of Management, 1995, 6 (2).

202. Mitnick, B. Fiduciary rationality and public policy: the theory of agency and some consequences, paperpresented at the Annual Meeting of the American Political Science Association, New Orleans, LA, 1973.

203. Merchant, K. A., & Van der Stede, W. A. Management control systems: performance measurement, evaluation and incentives. Pearson Education, 2007.

204. Mohr J, Spekman R. Characteristics of partnershipsuccess: partnership attributes, communication behavior, and conflict resolution techniques. Strategic Management Journal1994, 15 (2).

205. Nidumolu, S. R. and Subramani, M. R. The matrix of control: combining process and structure approaches to managing software development, Journal of Management Information Systems, 2003, Vol. 20.

206. Nooteboom, B., Berger, H., & Noorderhaven, N. G. Effects of trust and governance on relational risk. Academy of management journal, 1997, 40 (2).

207. Norrman, A. Supply chain risk – sharing contracts from a buyers' perspective: content and experiences, International Journal of Procurement Management, 2008, Vol. 1.

208. Nunnally, J. C. Bernstein. IH Psychometric theory, 1994.

209. Oliva, R. and Kallenberg, R. Managing the transition from products to services, International Journal of service Industry Management, 2003, Vol. 14.

210. Ouchi, W. A conceptual framework for the design of organizational control mechanisms. Management Science, 1979.

211. Plugge A. et al. Outsourcing capabilities, organizational structure and performance quality monitoring: Toward a fit model, Information & Management, 2013.

212. Poppo L, Zenger TR. Testing alternative theories of the firm: transaction cost, knowledge-based, and measurement explanations for make-or-buy decisions in information services. Strategic Management Journal, 1998, 19 (9).

213. Poppo, L., & Zenger, T. Do formal contracts and relational governance function as substitutes or complements?. Strategic management journal, 2002, 23 (8).

214. Poppo, L., Zhou, K. Z., & Zenger, T. R. Examining the conditional limits of relational governance: specialized assets, performance ambiguity, and long-standing ties. Journal of Management Studies, 2008, 45 (7).

215. Pomfret Richard. Expanding The Division Of Labour: Trade Costs And Supply Chains In The global Economy, Australian Economic History Review, 2014, Vol. 54.

216. Rao, S., & Goldsby, T. J. Supply chain risks: a review and typology. The International Journal of Logistics Management, 2009, 20 (1).

217. Razzaque Mohammed Abdur, Sheng Chang Chen. Outsourcing of logistics functions: a literature survey, International Journal of Physical Distribution & Logistics Management, 1998, Vol. 28.

218. Remondino, M., Pironti, M., & Pisano, P. Collaboration Strategies in Turbulent Periods: Effects of Perception of Relational Risk on Enterprise Alliances. Ine-Business and Telecommunications. Springer Berlin Heidelberg, 2011.

219. Rindfleisch, A., & Heide, J. B. Transaction cost analysis: Past, present, and future applications. the Journal of Marketing, 1997.

220. Ritchie, B., Brindley, C. S. and Armstrong, N. Risk assessment and relationship management: practical approach to supply chain risk management", International Journal of Agile Systems and Management vol., 2008, Vol. 3.

221. Roh J. et al. Implementation of a responsive supply chain strategy in global complexity: The case of manufacturing firms, Int. J. Production Economics, 2014.

222. Ross, S. The economic theory of agency: The principal's problem. American Economic Review, 1973.

223. Rossetti, C. L. , & Choi, T. Y. Supply management under high goal incongruence: An empirical examination of disintermediation in the aerospace supply chain. Decision Sciences, 2008, 39 (3).

224. Robinson, C. J. and Malhotra, M. K. Defining the concept of supply chain quality management and its relevance to academic and industrial practice, International Journal of Production Economics, 2005, Vol. 96.

225. Romano, P. and Vinelli, A. Quality management in a supply chain perspective, strategies and operative choices in a textile – apparel network, International Journal of Operations & Production Management, 2001, Vol. 21.

226. Ronald J F, Michele P, Jasmin B. Contractual governance relational governance, and the performance of interfirm service exchanges: the influence of boundary spanner closeness [J]. Journal of the Academy of Marketing Science, 2005, 33 (2).

227. Rungtusanatham, M. , Rabinovich, E. , Ashenbaum, B. and Wallin, C. "Vendor – owned inventory management arrangements in retail: an agency theory perspective", Journal of Business Logistics, 2007, Vol. 28.

228. Rustagi, S. , King, W. R. , & Kirsch, L. J. Predictors of formal control usage in IT outsourcing partnerships. Information Systems Research, 2008, 19 (2).

229. Ryu, S. , Min, S. , & Zushi, N. The moderating role of trust in manufacturer – supplier relationships. Journal of Business & Industrial Marketing, 2007, 23 (1).

230. Sako, M. Price, quality and trust: Inter – firm relations in Britain and Japan. Cambridge University Press, 1992, Vol. 18.

231. Sharma, A. Professional as agent: Knowledge asymmetry in agency exchange. Academy of Management Review, 1997, 22 (3).

232. Segars, A. H. , & Grover, V. Strategic information systems planning success: an investigation of the construct and its measurement. MIS quarterly, 1998.

233. Shah Reshma H. and Swaminathan Vanitha. Factors influencing partner selection in strategic alliances: the moderating role of alliance context Strategic Management Journal, 2008.

234. Shapiro, S. P. The social control of impersonal trust, The American Journal of Sociology, 1987, Vol. 93.

235. Simon HA. The architecture of complexity. Proceedings of the American Philosophical Society, 1962, 106 (6).

236. Sitkin, S. B. , Sutcliffe, K. M. , & Schroeder, R. G. Distinguishing control from learning in total quality management: a contingency perspective. Academy of management review, 1994, 19 (3).

237. Song, H. , Yu, K. , Chatterjee, S. R. , & Jia, J. Service supply chain: strategic interaction and relationship value. Journal of Business & Industrial Marketing, 2016, 31 (5).

238. Speckman, R. and Davis, E. Risky business-expanding the discussion on risk and the extended enterprise. International Journal of Physical Distribution & Logistics Management, 2004, 34 (5).

239. Skipper, J. B. and Hanna, J. B. Minimizing supply chain disruption risk through enhanced flexibility. International Journal of Physical Distribution & Logistics Management, 2009, 39 (5).

240. Starbird, S. A. Moral hazard, inspection policy, and food safety. American Journal of Agricultural Economics, 2005, 87 (1).

241. Steven A. B. et al. Global sourcing and quality recalls: An empirical study of outsourcing-supplier concentration-product recalls linkages, Journal of Operations Management, 2014.

242. Stroh, L. K. , Brett, J. M. , Baumann, J. P. and Reilly, A. H. Agency theory and variable pay compensation strategies, Academy of Management Journal, 1996, Vol. 39.

243. Stock, J. Applying theories from other disciplines to logistics, International Journal of Physical Distribution& Logistics Management, 1997, Vol. 27.

244. Tabachnick, B. G. , & Fidell, L. S. Experimental designs using ANOVA. Thomson/Brooks/Cole, 2007.

245. Tafti, M. H. Risks factors associated with offshore IT outsourcing, Industrial Management & Data Systems, 2005, Vol. 105. .

246. Tan, H. T. , & Kao, A. Accountability effects on auditors' performance: The influence of knowledge, problem-solving ability, and task complexity. Journal of Accounting Research, 1999.

247. Tang, C. S. . Perspectives in Supply Chain RiskManagement. International Journal of Production Economics. 2006, 103 (2).

248. Terborg, J. R. , & Miller, H. E. Motivation, behavior, and performance: A closer examination of goal setting and monetary incentives. Journal of Applied Psychology, 1978, 63 (1).

249. Ulaga, W., & Eggert, A. Relationship value and relationship quality: Broadening the nomological network of business-to-business relationships. European Journal of marketing, 2006, 40 (3/4).

250. Uzzi, B. Social Structure and Competition in Interfirm Networks: The Paradox of Embeddedness, Administrative Science Quarterly (42: 1), 1997.

251. Vargo SL, Lusch RF. Evolving to a new dominant logic for marketing. Journal of Marketing 2004, 68 (1).

252. Vernon Raymond International Investment and International Trade in the Product Cycle. Quarterly Journal of Economics [J]. May. 1966.

253. Veronica Martinez, Marko Bastl, Jennifer Kingston, Stephen Evans. Challenges in transforming manufacturing organizations into product - service providers. Journal of Manufacturing Technology Management [J]. 2010, Vol. 21.

254. Vitasek K, Ledyard M. Vested Outsourcing: A better Way to outsource. Supply Chain Management Review [J], 2009, 13 (6).

255. Vinzi, V. E., Chin, W. W., Henseler, J., & Wang, H. Editorial: Perspectives on partial least squares . Springer Berlin Heidelberg, 2010.

256. Wagner Stephan M., Bode Christoph An empirical investigation into supply chain vulnerability. Journal of Purchasing & Supply Management, 2006.

257. Wagner, S. and Bode, C. An empirical investigation of supply chain Performance along several dimensions of risk. Journal of Business Logistics, 2008, 29 (1).

258. Walker G, Weber D. A transaction cost approach to make - or - buy decisions. Administrative Science Quarterly, 1984, 29 (3).

259. Weigelt Carmen and Miller Douglas J. Implications of internal organization structure for firm boundaries. Strat. Mgmt. J., 2013.

260. Wells, Louis T. The Internationalization of firms from developing countries in Tamir Agmon and Charles P Kindleberger (eds). Multinationals from Small Countries. Cambridge The MIT Press, 1977.

261. Wendy van der valk, Service procurement in manufacturing companies: result of three embedded case studies, Industrial Marketing Management, 2008.

262. Wetzels, M., Odekerken-Schröder, G., & Van Oppen, C. Using PLS path modeling for assessing hierarchical construct models: guidelines and empirical illustration. MIS quarterly, 2009.

263. Whipple, J. M., & Roh, J. Agency theory and quality fade in buyer-

supplier relationships. The International Journal of Logistics Management, 2010, 21 (3).

264. Wilkinson, I. Power, conflict, and satisfaction in distribution channels—an empirical study, International Journal of Physical Distribution & Materials Management, 1981, Vol. 11.

265. Wilson, R. On the theory of syndicates. Econometrica, 1968.

266. Williamson, 0. E. Markets and hierarchies: Analysis and antitrust implications. New York: Free Press, 1975.

267. Williamson, O. E. The economics of organization: The transaction cost approach. American journal of sociology, 1981.

268. Williamson, 0. E. The economic institutions of capitalism. New York: Free Press, 1985.

269. Wullenweber, K., Jahner, S., & Krcmar, H. Relational risk mitigation: the relationship approach to mitigating risks in business process outsourcing. In Hawaii International Conference on System Sciences, Proceedings of the 41st Annual. IEEE, 2008.

270. Yang, Qian Zhao, Xiande, Yeung, Hoi Yan Jeff Liu, Yanping. Improving logistics outsourcing performance through transactional and relational mechanisms under transaction uncertainties: Evidence from China International Journal of Production Economics, 2016.

271. Yin R. K. Case Study Research: Design and Methods [M], 2nd ed., Sage, Thousand Oaks, CA, 1994.

272. Zaheer, A., & Venkatraman, N. Relational governance as an interorganizational strategy: An empirical test of the role of trust in economic exchange. Strategic management journal, 1995, 16 (5).

273. Zaheer, A., McEvily, B., & Perrone, V. Does trust matter? Exploring the effects of interorganizational and interpersonal trust on performance. Organization science, 1998, 9 (2). .

274. Zeithaml, V. A., Parasuraman, A., & Berry, L. L. Problems and strategies in services marketing. The Journal of Marketing, 1985.

275. Zu Xingxing, Kaynak Hale. An agency theory perspective on supply chain quality management, International Journal of Operations & Production Management, 2012, Vol. 32.

276. Zsidisin, G. A. and Ellram, L. M. An agency theory investigation of

supply risk management, The Journal of Supply Chain Management, 2003, Vol. 39.

277. Zsidisin, G. A. and Smith, M. E. Managing supply risk with early supplier involvement: a case study and research propositions, Journal of Supply Chain Management, 2005, Vol. 41.

278. Zucker, L. G. Production of trust: Institutional sources of economic structure, 1840-1920. Research in organizational behavior, 1986.

附　录

附录一：全球供应链供方调查问卷

《全球供应链决策因素和组织方式》供方调查问卷

一、单位基本情况

1. 贵单位的名称：＿＿＿＿＿＿＿＿＿＿＿＿＿（SUP1，2，3等）

2. 贵单位有多少名员工：（请在对应方框里画钩）

0~100 名 □；100~300 名□；300~500 名□；500~600 名□；

600~1 000 名□；1 000~2 000 名□；2 000~3 000 名□；3 000 名以上□

二、合作情况

1. 该服务客户的名称：＿＿＿＿＿＿＿＿＿＿＿（CUS1，2，3等）

2. 贵单位与该服务客户的合作年限

1 年以内 □；1~2 年 □；2~5 年 □；5~10 年 □；10 年以上 □

3. 您的职位：

公司所有者□　　主管相关业务副总及以上□　　　部门经理□　　业务主管□　　其他＿＿＿

对于以下问题，请选择一个您认为最能表达您对每个句子同意程度的答案，在相应的数字上画"√"

[选项]　　　1　　　　　2　　　　　3　　　　　4　　　　　5

选项解释：完全不同意　基本不同意　无所谓　基本同意　完全同意

您充分了解与该客户有关合同执行情况	1	2	3	4	5
您充分参与到与该客户相关的事务处理之中	1	2	3	4	5

三、代理关系风险
1. 信息对称性

该客户能够获取对其有帮助的贵单位专有资料	1	2	3	4	5
该客户能够第一时间知晓贵单位可能对其有影响的事件和变动	1	2	3	4	5
贵单位与该客户定期交换供应和需求信息	1	2	3	4	5
贵单位与该客户经常交换信息	1	2	3	4	5

2. 目标一致性

贵单位与该客户对于要完成的合作目标有共同的理解	1	2	3	4	5
贵单位与该客户互相支持对方的合作宗旨	1	2	3	4	5
贵单位与该客户在如何完成目标方面拥有共同的观点	1	2	3	4	5
贵单位与该客户在如何完成目标方面彼此支持	1	2	3	4	5

四、任务复杂度
1. 程序性

贵单位向该客户提供的是标准化服务，在各个同类服务客户之间并无明显差别	1	2	3	4	5
贵单位为该客户提供的服务属于例行业务，服务过程中日常活动占据了很大比例	1	2	3	4	5
贵单位向该客户提供的服务复杂度不高，该客户可以清晰定义和描述服务过程	1	2	3	4	5

2. 测量性

该客户可以很容易地评定贵单位工作的好坏程度	1	2	3	4	5
该客户可以很容易地确定其是否从贵单位这里得到了符合其目标需求的服务	1	2	3	4	5
该客户以现有常规指标就足以公平测量贵单位提供该服务的全面绩效	1	2	3	4	5

附录二：全球供应链需方调查问卷

《全球供应链决策因素和组织方式》需方调查问卷

一、单位基本情况

1. 贵单位的名称：_____（CUS1，2，3 等）

5. 贵单位有多少名员工：（请在对应方框里画钩）

0~100 名□；100~300 名□；300~500 名□；500~600 名□；

600~1 000 名□；1 000~2 000 名□；2 000~3 000 名□；3 000 名以上□

二、合作情况

1. 该供应商的名称：_____（SUP1，2，3 等）

2. 贵单位与该供应商的合作年限

1 年以内 □ ；1~2 年 □ ；2~5 年 □ ；5~10 年 □ ；10 年以上 □

3. 您的职位：

公司所有者□   主管相关业务副总及以上□   部门经理□   业务主管□   其他____

对于以下问题，请选择一个您认为最能表达您对每个句子同意程度的答案，在相应的数字上画"√"

[选项]   1   2   3   4   5

选项解释：完全不同意   基本不同意   无所谓   基本同意   完全同意

| 您充分了解与该供应商有关合同执行情况 | 1 | 2 | 3 | 4 | 5 |
| 您充分参与到与该供应商相关的事务处理之中 | 1 | 2 | 3 | 4 | 5 |

三、非正式控制

1 专用性资产投资

该供应商为建立、维持与贵单位的合作关系已投入了大量资源和人力	1	2	3	4	5
该供应商为建立与贵单位良好的人际关系已投入了大量资源和人力	1	2	3	4	5
如果该供应商中止与贵单位的业务关系，该供应商相关投入（如人力、物资装备、资金等）将会遭受很大的损失	1	2	3	4	5
如果该供应商中止与贵单位的业务关系，该供应商相关投入（如人力、物资装备、资金等）能马上转移，并与其他单位建立业务关系	1	2	3	4	5

2. 信任

贵单位相信该供应商做重要决策时，会考虑贵单位的利益	1	2	3	4	5
贵单位相信该供应商能够履行对贵单位的承诺	1	2	3	4	5
贵单位相信该供应商是真诚值得信赖的	1	2	3	4	5
贵单位相信该供应商能够正确地做正确的事	1	2	3	4	5
贵单位相信即使环境发生变化，该供应商也乐意给贵单位提供援助	1	2	3	4	5

四、正式控制
1. 过程控制

贵单位根据该供应商是否遵守预设定的业务流程规定进行评价	1	2	3	4	5
贵单位能够对该供应商是否遵守规定进行监控	1	2	3	4	5
贵单位通过与该供应商的信息共享对其进行实时监控	1	2	3	4	5
贵单位定期监控该供应商的经营状况	1	2	3	4	5

2. 结果控制

贵单位关心该供应商能否及时满足自己的目标要求	1	2	3	4	5
贵单位关心该供应商能否按成本预算满足自己的要求	1	2	3	4	5
贵单位使用预先设定的目标要求指标对该供应商进行绩效评价	1	2	3	4	5

五、交易绩效

与该供应商的合作，达到了贵单位的预期目标	1	2	3	4	5
该供应商对贵单位的需求总能快速反应，使得贵单位物流运行有序有效	1	2	3	4	5
因与该供应商的合作，使得贵单位的物流成本得以控制	1	2	3	4	5
贵单位对与该供应商合作的现状感到非常满意	1	2	3	4	5